AF330675

DE LA PUISSANCE

ET DES EFFETS

DE LA LIBERTÉ LÉGALE

ET DU GOUVERNEMENT REPRÉSENTATIF;

ou

PARIS EN JUILLET ET AOUT 1830.

DE LA PUISSANCE

ET DES EFFETS

DE LA LIBERTÉ LÉGALE

ET DU GOUVERNEMENT REPRÉSENTATIF;

OU

PARIS EN JUILLET ET AOUT 1830.

PAR M. RENÉ TRÉDOS,

MEMBRE DE LA SOCIÉTÉ DES SCIENCES, ARTS ET LITTÉRATURE DU
BAS-RHIN.

PARIS,

Chez LEVAVASSEUR,
DELAUNAY,
LADVOCAT,

} Libraires, au Palais-Royal.

Veuve Charles BECHET, quai des Augustins, n° 57 ;
JOHANNEAU, rue du Coq-Saint-Honoré, n° 8.

1830.

On trouve aussi cet ouvrage, à Paris, chez les Libraires suivans :

Charles VIMONT, galerie Véro-Dodat ;
Ch. MARY, passage des Panoramas ;
BRÉAUTÉ, passage Choiseul ;
LEMARQUIÈRE, galerie Vivienne, n° 5 ;
DELANGLE, place de la Bourse ;
BELLEMAIN, passage du Caire, n° 96 ;
Et chez l'Auteur, rue Rochechouart, n° 31.

AVANT-PROPOS.

Le gouvernement représentatif est le seul qui puisse convenir à la France ; Louis XVIII l'avait reconnu, et la révolution de 1830 vient de sanctionner cette vérité. O prodige ! des masses immenses se sont levées comme un seul homme, et au nom de la loi ont fait triompher l'ordre légal, et rétabli sur les libertés nationales l'édifice constitutionnel.

C'est à l'amour de l'ordre et des lois si hautement manifesté par toutes les classes, qu'est dû cet heureux résultat ; mais cet amour de l'ordre et des lois, qui a encore une fois sauvé la France, à quoi le devons-nous ? à l'exercice des libertés publiques et aux germes féconds que le gouvernement représentatif avait semés depuis quinze ans parmi nous, grâce à la tribune et la liberté de la presse. C'est ce que j'ai voulu démontrer dans cet essai.

La nature de la tâche que je me suis imposée me force à entrer dans quelques explications.

Mon travail est divisé en deux parties distinctes ; et peut-être mes lecteurs accueilleront-ils mes efforts avec bienveillance, quand ils apprendront que la première partie est écrite depuis plus de sept mois, et que je n'y change rien aujourd'hui. Ceci pourra peut-être sembler extraordinaire, surtout quand on y remarquera avec quelle indépendance j'y exprimais mes opinions; une expli-cation suffira :

On se rappelle qu'au mois de décembre 1829, la *Revue de Paris* ouvrit un concours sur cette question : *Quelle a été depuis quinze ans en France l'influence du gouvernement représentatif, sur la littérature et sur les mœurs ?* Eh bien! ces cinq premiers chapitres sont, avec un nouveau titre, une partie de ce que j'envoyai au concours.

A Dieu ne plaise qu'en la publiant aujour-d'hui je veuille récriminer et en appeler au pu-blic du jugement qui décerna les prix à MM. Phi-larète Chasles et Eugène Ternaux, qui les ont si bien mérités; on verra que c'est une intention plus noble qui m'anime. D'ailleurs je ne présente ici de ce premier travail, que ce qui est pure-ment politique, c'est-à-dire à peu près le tiers, et j'en ai élagué tout ce qui a trait à la littérature; mais cette partie est telle que je l'ai écrite dans le travail que je remis à la *Revue de Paris*. Je puis à cet égard invoquer hardiment le témoi-gnage de M. Véron, directeur de cette intéressante collection (a).

Il m'a paru piquant et utile de n'y rien chan-ger à présent; cela servira du moins à prouver

(a) Mon manuscrit appartient de droit à ses archives; il fut déposé le 27 février et coté sous le n° 20. Il est bien entendu que je n'appelle pas changemens quelques mots effacés ou substitués à d'autres dans le seul but de châtier le style, et quelques membres de phrases supprimés ou déplacés dans le même objet.

que les vérités politiques nées de l'expérience et de l'étude du mouvement des esprits, sont de tous les temps et indépendantes de tous les régimes.

Il me reste à dire un mot des considérations qui font l'objet de la seconde partie.

Le simple exposé des faits m'a semblé mettre en évidence cette vérité, que c'est principalement à l'éducation constitutionnelle née de la liberté de la presse et du gouvernement représentatif, que sont dûs les résultats obtenus, surtout l'étonnante modération, dans laquelle des vainqueurs ont su se renfermer après la plus complète victoire. Point de licence après le triomphe tout populaire de la force sur l'oppression, point d'excès avec un pouvoir presque sans bornes dans les premiers momens; un pareil exemple ne pouvait être donné que par un peuple élevé sous l'égide des libertés légales et profondément imbu de leurs avantages.

Bientôt cependant, après ces premiers jours de calme, car il ne faut rien dissimuler, l'esprit de parti s'est réveillé et des voix discordantes se sont fait entendre au milieu du concert de suffrages qui proclamait cette forme de gouvernement, la seule convenable à la France.

Dans ces graves circonstances, au moment où les plus hauts intérêts s'agitent dans les Chambres, où nos institutions vont enfin recevoir un caractère de fixité qui leur manquait encore, j'ai pensé qu'un ouvrage de la nature de celui-ci pourrait contribuer à ramener l'unité de principes et de vues. Telle est mon espérance.

Simple employé d'administration, pourquoi, me dira-t-on peut-être, vous aventurer ainsi dans les sentiers ardus de la politique? si vous avez quelques loisirs, que ne les consacrez-vous aux muses, comme vous l'avez fait quelquefois (a). A cela voici ma réponse : mes opinions consciencieuses sont le résultat d'une conviction profonde, et je pense que lorsque l'esprit de parti s'agite, quand des fauteurs de troubles cherchent à jeter des semences de division parmi le peuple, en le trompant sur ses vrais intérêts, tout bon citoyen doit à son pays le tribut de ses lumières et la franchise de ses opinions. Ce serait lui manquer peut-être que de ne pas mettre au jour les idées qu'on croit propres à consolider son bonheur. C'est l'ambition qui me dévore, et je me sens soutenu par l'espoir d'être utile en répandant des principes d'ordre et de légalité. Si je puis encore dissiper quelques craintes, et rassurer la confiance ébranlée, en faisant passer dans tous les esprits la conviction qui me pénètre et les motifs de sécurité qui me rassurent sur l'avenir, je parcourrai avec plus de plaisir le cercle de mes occupations ordinaires, et je donnerai mes loisirs aux muses, avec la douce et calme satisfaction qui suit toujours le devoir accompli.

(a) L'auteur a publié un recueil de poésies diverses en 1828.

DE LA PUISSANCE

ET DES EFFETS

DE LA LIBERTÉ LÉGALE

ET DU GOUVERNEMENT REPRÉSENTATIF

ou

PARIS EN JUILLET ET AOUT 1830.

PREMIÈRE PARTIE.

PRÉCIS SUR LES INFLUENCES ET LES AVANTAGES DU GOUVERNEMENT REPRÉSENTATIF, RENFERMANT LE TABLEAU DE LA SITUATION DE LA FRANCE EN 1829 (a).

CHAPITRE PREMIER.

De ce qui a précédé la Charte et de ses premiers effets.

Il n'est que des esprits superficiels ou frivoles qui auraient pu ne pas s'apercevoir des nombreux changemens survenus dans nos mœurs depuis quinze ans ; car si l'on compare les goûts et les habitudes qui marquent notre époque avec ce que l'on observai

(a) Cette première partie a été écrite au mois de février 1830. (*Voir* l'avant-propos.)

autrefois, des différences sensibles et notoires se font aisément remarquer.

Parmi ces changemens il en est de saillans qui frappent d'abord les regards. Il serait difficile en effet de ne pas observer qu'aux soins frivoles et aux études légères ont succédé, même parmi la jeunesse, des études sévères et des recherches sérieuses ; que la haine des abus, l'amour de l'ordre et de la justice se font plus généralement sentir ; qu'on se livre avec plus d'ardeur que jamais aux études historiques et philosophiques, et que l'industrie et les sciences ont amené une grande fécondité de découvertes utiles et d'ouvrages de toute espèce.

Quelle cause a produit le spectacle intéressant qui s'offre à nos yeux? d'où naissent cet essor, ces changemens, ces mœurs nouvelles ? Ils ne sont dûs qu'aux libertés consacrées par la Charte et au gouvernement représentatif. Tâchons d'en développer et l'influence et les ressorts.

Jetons d'abord un coup-d'œil rapide sur ce qui a précédé chez nous cette forme de gouvernement, la plus importante concession de la Charte, et voyons quel effet a dû produire sur nous ce pacte auguste au moment d'une si mémorable restauration.

Entre les vœux d'un roi martyr, à qui l'histoire impartiale et juste réservera aussi le titre de roi-citoyen, et la Charte immortelle de son frère, que d'événemens ! Ce n'est point ici le lieu d'en dérouler l'immense tableau. Que ne peut-on couvrir à jamais du voile de l'oubli ces horribles pages de nos an-

nales ! Quelles grandes leçons ont légué à la génération nouvelle le drame ensanglanté de la révolution
et les pompes militaires du despotisme ? Dans quelle
situation le roi législateur à son avénement trouva-t-il
la France et les esprits ? Telles sont les hautes questions auxquelles les limites de cet écrit ne me per-
mettent que de donner une solution incomplète, mais
qui cependant pourra suffire pour nous révéler tout
ce que la loi fondamentale renferme de bienfaits et
de garanties de prospérité.

Le fils de St-Louis, le meilleur des monarques, avait
pris son essor vers les cieux. L'anarchie inondait la
France de flots de sang ; c'était sous le nom de liberté que des tribuns factieux osaient faire régner la
licence la plus effrénée, et qu'après avoir tout détruit
dans l'état, et vaisseau et pilote, ils s'arrachaient les
débris et les lambeaux de la patrie. L'honneur français s'était réfugié sous la tente ; aux frontières, l'indépendance nationale était vaillamment défendue, au-
dedans la liberté, l'ordre et la paix avaient succombé.
Les plus absurdes théories se succédaient vainement
pour le rétablissement de la prospérité publique
anéantie, lorsqu'un héros faisant réluire tout à coup
au front de la Patrie éplorée l'auréole de sa gloire,
lui promit, en échange de la puissance suprême, la
consolidation de ses libertés. Qu'elles furent brillantes les premières années de son règne ! Il ouvrit
aux Français la noble carrière des armes, aux fugitifs
les portes de la patrie ; il rétablit le culte, l'ordre et
la paix ; il entraîna tous les partis dans le tourbillon

de ses triomphes, et sut avec un génie peu commun fondre et attirer à lui toutes les nuances d'opinions : en un mot il opéra de grandes choses et d'une main ferme et habile il restaura l'édifice social. Mais, ingrat envers la France, il oublia bientôt ses promesses ; il confisqua nos franchises au profit de son despotisme ; il étouffa les libertés nationales sous des monceaux de lauriers ; une insatiable ambition le perdit ; il tomba devant toute l'Europe en armes. L'enivrement des Français dura presque autant que ses triomphes, que l'infortune du grand homme a fait briller d'un nouvel éclat ; mais il régnerait encore s'il n'eut point trahi ses sermens. Quel abîme de méditations !

Après tant de forfaits, après tant de gloire, que restait-il à la France abattue? des chaînes, des revers, le fléau de l'invasion, des regrets, quelques idées d'indépendance et des espérances sans objet.

Tel était le sort de la patrie humiliée lorsqu'une parole auguste et solennelle la ranima. Ce n'était point un étranger qui lui tendait les bras ; c'était un ami, c'était un père qui avait mangé dans l'exil le pain de la douleur en pleurant sur des enfans malheureux. Louis comprit les Français et leurs vœux, et la France ses hautes destinées. Il répara des maux qui n'étaient point son ouvrage et qui jamais n'auraient désolé la patrie si son frère, de douloureuse mémoire, eut pu mettre à fin ses magnanimes projets. Il nous offrit l'olive de la paix, éloigna les ennemis, imprima le respect aux puissances, ramena le calme en étendant son spectre paternel sur nos discordes, et jeta son pacte immortel entre la France et lui comme ce signe céleste qui paraît après l'orage et annonce la sérénité à la terre.

Éclairés par delongs malheurs, forts de la double expérience de l'anarchie et du despotisme, plus avides que jamais de liberté légale, quelle fut notre joie quand un sage éprouvé par l'adversité vint les placer sous son égide, et, fondant sur l'union et l'oubli la réconciliation générale, nous en offrit la Charte comme le gage !

Développons les heureux germes qu'elle renferme, et nous comprendrons bientôt son active influence sur nos destins.

Si, depuis quinze ans, un mouvement général des esprits vers le bon, le vrai et l'utile caractérise nos travaux ; si les yeux les moins attentifs sont frappés de cette émulation noble et désintéressée qui féconde les arts et les sciences ; si en littérature se montre une tension marquée vers ce qu'il y a de plus vrai et de plus piquant ; si nous cherchons dans l'histoire ce qu'elle offre de plus positif ; si l'on n'aime en économie politique que ce qu'il y a de plus réel, dans les sciences, ce qui se présente sous l'aspect le moins hypothétique ; si quelque chose de plus sage et de plus raisonnable, si une sorte de gravité même se glisse dans le caractère naturellement enjoué de la nation, pourrait-on nier les changemens nombreux introduits dans nos mœurs et dans nos habitudes ? Or, j'en appelle à l'esprit ob-

servateur de ceux qui me lisent, y a-t-il quelque
chose de hasardé dans les traits de ce petit tableau?
Eh bien! ces modifications importantes et nombreuses
nous les devons au gouvernement qui nous régit, à
cette sève active de liberté qui va fécondant toutes
les branches de l'industrie, qui alimente et stimule les
investigations du génie, et circule comme une flamme
vivifiante dans toutes les veines du corps social.

La Charte est la fille du temps et de la sagesse;
ce n'est point au sein des prospérités qu'elle a pris
naissance; c'est au contraire un fruit né dans l'exil
et mûri par les leçons de l'infortune et les souvenirs
de la patrie; radieuse, elle sortit de l'adversité comme
le soleil des nuages.

Elle a ouvert un port assuré au vaisseau de l'état
battu par l'orage, et s'interposant entre l'ordre ancien et les idées nouvelles, elle a recueilli, semblable
à l'arche du déluge, tout ce qui pouvait survivre à
la destruction. C'étaient en France les idées monar-
chiques, les trophées militaires et les débris de liberté qui surnageaient après la tempête. Enfin, re-
plaçant le trône et le bonheur de la France sur leurs
plus solides bases, les libertés publiques, elle nous
a donné le gouvernement représentatif dont nous
n'avions eu jusqu'alors qu'un vain simulacre, et par là
comblé tous nos vœux (1).

CHAPITRE II.

Effets des idées nouvelles. — Gouvernement représentatif.
— Libertés légales.

Ce n'est point en jurisconsulte que je déroulerai
tout ce que la Charte renferme de principes féconds
en heureux résultats. Il me suffira pour atteindre le
but que je me propose de m'attacher à ce qui est
plus particulièrement en elle la source des changemens qui ont empreint nos mœurs d'une physionomie
toute nouvelle.

Le gouvernement représentatif a commencé pour
nous une nouvelle ère; il a mis en circulation une
grande masse d'idées et d'espérances. Le nouveau
droit public sur lequel il repose, les institutions qu'il
fonde, la jouissance de nos droits, inutilement cher-
chée dans des temps d'anarchie et remplacée ensuite
par la fascination des triomphes militaires, le spectacle imposant des révolutions du Nouveau-Monde et
des grands changemens survenus en Europe, après
la disparition d'un homme; enfin l'héroïsme des
Grecs, la crise d'Orient et l'aspect d'une société qui
se régénère de fond en comble pour se mettre en
équilibre avec le mouvement rapide des idées et des
événemens contemporains; tels sont les grands objets
livrés soudain aux méditations et les causes naturelles
de ces études profondes auxquelles on s'est consacré

tout à coup ; de là dérivent des changemens notables dans nos mœurs (2).

La consécration des libertés publiques si chères aux Français, et le principe si sage de l'égalité devant la loi, en ne soumettant l'homme à d'autres conditions que celle d'un frein commun et unanimement consenti, donnent tout leur ressort à ses facultés intellectuelles et réveillent en lui le sentiment de sa dignité ; car il sent qu'il ne relève plus que de la justice éternelle ou de la loi qui en est la représentation sur la terre, et qu'il voit personnifiée dans le roi : aussi a-t-on vu se manifester chez les Français une satisfaction générale, et sur leurs fronts comme dans leurs écrits, un sentiment calme de noblesse, qui ne ressemble ni à la fierté de la naissance ni à l'orgueil de la victoire, et qui mêle à leurs relations sociales et politiques quelque chose de plus solennel et de plus grave, résultat de la conquête morale qu'ils ont faite.

La jouissance de droits communs, la division des fortunes, la libre manifestation des opinions, une plus grande diffusion des lumières, enfin une certaine conformité d'habitudes constitutionnelles, ont amené plus d'égalité dans les mœurs, plus de conformité dans l'habillement et dans les manières, et plus d'épanchement dans les relations sociales. A quelques exceptions près, l'homme titré et le noble, comblés des faveurs du monarque, ne se renferment plus comme autrefois dans une réserve compassée ; ils sont en général plus affables ; ils se répandent dans les cercles ; ils ont appris, grâce aux institutions nouvelles, qu'ils sont citoyens avant tout, et si la nature les a doués de génie ou l'éducation de lumières, ils ne dédaignent plus de les produire et d'en enrichir leurs concitoyens (*a*).

L'amour des franchises nationales qui nous furent chères dans tous les temps, s'est encore accru par la jouissance de leurs bienfaits, et la liberté de la presse s'est élevée comme un rempart contre l'envahissement des abus. Le grand jour de la publicité a fait pâlir l'esprit de coterie et d'intrigue qui, forcé de se réfugier dans l'ombre, a vu par là s'affaiblir son influence et rendu ainsi hommage, en dépit de lui même, à l'ordre de choses établi.

(*a*) Il n'est pas besoin de rappeler ici les Barante, les Ségur, les Daru, les Lévis, les Châteaubriand et tant d'autres.

CHAPITRE III.

Ombres au tableau. — Objections. — Le gouvernement
représentatif a pris racine.

ET qu'on ne pense pas que dans mon amour pour nos belles institutions, et cédant à l'entraînement d'un enthousiasme irréfléchi, je me laisse aveugler sur les ombres et les taches qui obscurcissent le tableau. L'homme impartial, dont la bonne foi fait l'apanage, ne ferme pas les yeux à la lumière. Chaque époque a ses travers et ses ridicules : la nôtre n'en est pas dépourvue ; elle offre au spectateur de sang-froid quelques faits, quelques exceptions comiques qui le font sourire, et dont le contraste, au milieu de la régénération qui s'opère, le frappe et ne le surprend pas.

Ici ce sont des prétentions de castes d'autant plus plaisantes que rien ne les justifie ; des gens qui voient le présent comme un rêve et vivent dans le passé, qui ne croient point avoir vieilli, qui avec les choses d'à présent sont toujours les hommes d'autrefois. Il est curieux d'épier leurs distractions, et quand, par une sorte de monomanie, on les voit transformer leurs souvenirs en réalités présentes, ne dirait-on pas que, nouveaux Épiménides, ils ont dormi quarante ans ?

Là une aristocratie nouvelle, celle des richesses et des places, n'est pas toujours dépourvue de morgue et se donne les grands airs des parvenus, tandis que chez les jeunes gens un sentiment de liberté qui quelquefois déborde, se transforme en fougue impétueuse et communique un ton de brusquerie à leurs manières.

Ailleurs on voit se dépiter des espérances déçues ; une hypocrisie qui, pour être revêtue de formes moins ignobles qu'autrefois, n'en est ni moins basse ni moins adroite, et rampe encore auprès du pouvoir et des princes ; tandis que, dans le silence, quelque élève de Molière épie ces masques variés que d'ambitieux Protées de cour savent au besoin prendre, quitter et reprendre, à la porte des ministères ou sur le seuil des palais.

Quelques hommes irréfléchis s'étonnent et murmurent à l'aspect de notre régénération politique. Eh ! peut-on s'impatienter de ces vissicitudes lorsque l'ordre moral et l'ordre physique sont partout et tour à tour la proie du changement ! La Gaule et ensuite la France n'ont-elles pas passé par toutes les formes d'institutions ? Superstitions druidiques, invasions gothiques, franques ou romaines ; régime théocratique, féodal ou monarchique ; gouvernement électif, absolu, républicain ou despotique, elle a tout éprouvé. Le tour du gouvernement représentatif est venu. Pourquoi se roidir contre ce résultat du temps et de la politique ? Il faut pourtant se résigner ; on ne peut empêcher ce qui est d'exister. Marchons donc avec le siècle ; il vaut mieux suivre son mouvement que de lui opposer d'inutiles digues.

D'autres, au contraire, se dépitent de ce que les

changemens n'arrivent pas assez vite , de ce que des réformes sont à faire ; l'aspect de quelques abus , de quelques heureux favorisés , les irritent ; ils s'effarouchent de quelques sourdes menaces et de quelques prétentions choquantes (*a*) , comme si les choses complètes s'obtiennent de prime abord ; comme si tous les bons germes poussent à la fois , et si pour parvenir au perfectionnement il ne faut pas toujours le secours du temps.

Une révolution naturelle dans ses causes , épouvantable et criminelle dans sa marche, immense dans ses résultats, a bouleversé la société , sapé l'ordre ancien , déplacé les fortunes , changé les mœurs et laissé en fuyant de nombreux fermens de discorde ; mais la Charte a paru , et ralliant les Français , leur a donné la seule forme de gouvernement qui pût concentrer les opinions divergentes et diriger vers le même but l'ardeur rénovatrice et les idées du moment. Ainsi rassurons-nous : ce ne sont pas des exagérations insoutenables , des prétentions singulières, de vagues désirs et des terreurs chimériques ou factices, qui pourraient arrêter le cours des choses et empêcher notre gouvernement de porter ses fruits. Le fleuve suit son impulsion naturelle , et sans s'embarrasser de quelques impuissans obstacles, calme et majestueux, il répand la fertilité et l'abondance sur ses rives.

(*a*) L'expérience a prouvé qu'ils n'avaient pas tant de tort. (*Note nouvelle.*)

Quant à ces hommes probes et de bonne foi, (car je dois parler de tout ce qui me frappe), qui, véritablement épris de nos institutions, seraient saisis de douleur et d'effroi s'ils voyaient l'inhabileté ou la faiblesse s'asseoir aux premières places de l'état, qu'ils se rassurent; le roi est là *(a)*, et notre machine politique est bien organisée; ses rouages et ses ressorts sont bons; le manque de bonne volonté ou d'adresse de ceux qui sont chargés du soin de la faire marcher, ne doit point nous inspirer d'inquiétude, car si l'excellence du ressort principal ne la faisait pas aller d'elle-même, il est de puissans rouages et des soupapes de secours, qui la mettront toujours en activité : l'opinion publique et la liberté de la presse.

D'ailleurs chaque année le gouvernement représentatif jette des racines profondes dans le pays et pénètre davantage dans les mœurs de toutes les classes; de près ou de loin chacun participe au mouvement qu'il imprime, et le moindre citoyen est fier de la petite portion de liberté politique dont il jouit dans l'état. Celui-ci émet son opinion, celui-là son vote; le renouvellement des sessions à des époques fixes, amène une fièvre périodique

(a) L'auteur, comme presque toute la France, comptait alors sur un roi qui dans mainte occasion avait donné des preuves non équivoques de son amour pour les Français. On se rappelait d'ailleurs son discours à l'ouverture de la session de 1828. (*Note nouvelle.*)

qui agite tout le monde, chacun se mêle des affaires de l'état; on se remue pour tel ou tel député; élections, jury, assises, comités préparatoires, voyages au chef-lieu ou à la capitale, motions, pétitions, discours, besoins des localités, changemens à solliciter, grâces à obtenir; du grand au petit tout va, tout vient, tout s'agite. Ainsi peu à peu la politique s'est mêlée à tout et même à nos plaisirs; ainsi par degrés se sont établies les habitudes constitutionnelles, même à l'insu de leurs antagonistes. Enfin, il faut en convenir, car tel est le singulier spectacle qui s'offre à nos yeux, que selon les opinions diverses, le nouvel ordre politique soit qualifié de torrent dévastateur ou de rosée bienfaisante; que la Charte s'offre au plus grand nombre comme un faisceau de germes de prospérités, ou à quelques-uns comme un foyer de discordes et d'orages, chacun se soumet au train de vie qu'elle impose, et bon gré mal gré, tout le monde roule dans la sphère de son activité (3).

CHAPITRE IV.

Influence du nouvel ordre de choses sur les mœurs.
— Tribune, barreau, industrie.

Mais c'est surtout par la tribune que le gouvernement représentatif exerce sur le pays sa plus puissante influence. C'est là que s'agitent les plus hautes questions, que les principes de notre nouvel ordre politique sont proclamés solennellement; c'est là que retentissent les paroles royales et les vœux des citoyens; c'est là que la loi s'épure, et que nos plus chers intérêts s'éclairent de la lumière des discussions, et du flambeau de la publicité. La tribune en France conduit à tout : elle a ouvert une carrière d'illustrations, autant au-dessus de celles que transmettent les parchemins et les titres, que les dons de l'esprit sont au-dessus des dons physiques, et les produits de l'intelligence au-dessus des caprices du hasard.

Enorgueillissons-nous de l'éclat immortel qu'elle jette sur nos destinées. La France avait déjà prouvé que si, chez aucun peuple on ne rencontrait des orateurs chrétiens, que l'on pût opposer à nos Bossuet, à nos Massillons, la chaire n'était pas l'unique source de ses trésors d'éloquence, et que sa tribune publique pouvait aussi s'ouvrir aux plus rares talens. Depuis que son bonheur repose sur les libertés, elle le prouve encore en nous offrant dans les deux chambres des orateurs qu'enflamme la noblesse de leur ministère et le nom sacré de patrie. L'amour des franchises nationales est tellement inhérent à notre caractère, que nos débats parlementaires ont vu de toutes parts surgir des talens pleins de sève. Sciences, arts, barreau, littérature ont amené leurs notabilités sur la scène politique; tous ont porté leurs lumineux tributs; que dis-je? du sein même des camps sont sortis tout à coup des orateurs pleins d'enthousiasme. Au dehors leur vaillante épée avait défendu l'indépendance de la patrie, au-dedans leur voix éloquente proclame et défend ses libertés; si l'arme est différente, le but est le même, et c'est un laurier de plus qu'ils ajoutent à leur couronne.

Les mêmes causes ont ouvert un nouvel horizon à l'homme de lettres, au jurisconsulte une nouvelle carrière; le nouveau droit public et le développement des libertés qu'il consacre, ont agrandi le cercle de ses études; des causes palpitantes d'intérêt ont paru, et l'éloquence de l'avocat, déjà si riche, s'est colorée de formes plus brillantes et revêtue d'un plus vif attrait de curiosité.

L'industrie dans ces dernières années a pris chez tous les peuples une activité nouvelle par l'accroissement des lumières, les effets d'une machine admirable, et les progrès de la civilisation. La France ne pouvait rester en arrière, et l'émulation, déjà stimulée sous l'empire au temps du blocus continental, est devenue plus féconde. Favorisée par des hommes de génie et soutenue par un gouvernement qui, pour protéger, n'a besoin que de laisser la liberté porter tous ses fruits, elle a rapidement soutenu les concurrences étrangères, et s'est bientôt trouvée sans rivales. Si les exportations n'ont pas toujours répondu aux vœux des producteurs, les marchés du pays ont offert les plus grandes ressources aux consommateurs, et le bas prix des produits, les a dédommagés de beaucoup de pertes. Des découvertes multipliées sont nées du nouvel essor qu'a pris la pensée; les sciences mathématiques et physiques ont été embrassées avec une ardeur peu commune, et ont éclairé les procédés des arts. Des hommes sages, des philantropes habiles, ont puisé dans la bonté de leurs cœurs et dans leurs lumières, des secours pour les basses classes, et pour la science des trésors ; les noms des Liancourt, des Biot, des Ternaux, des Darcet, des Arago, ont été prononcés avec reconnaissance, et nos institutions nouvelles ont secondé les efforts de la sagesse et du génie.

CHAPITRE V.

Autres résultats.

Jamais période plus riche de faits et d'idées nouvelles que celle qui vient de s'écouler, n'a stimulé l'esprit de recherche et porté les Français à la réflexion.

L'ordre moral a été ébranlé comme l'état jusque dans ses bases ; mais trop long-temps agités par des systèmes, nous ne voulons plus que le vrai, le raisonnable et l'utile. Trop long-temps dupes de vaines théories, nous ne voulons plus livrer notre bonheur à de vagues désirs. Aussi que voyons-nous dans presque tous les écrits politiques de nos jours ? Plus d'abstractions, plus d'ingénieuses utopies. Ce que les discours, ce que la presse périodique proclament, c'est le besoin du calme après les secousses, c'est le vœu bien prononcé de garder ce que l'on possède et de soutenir à la fois le trône et la Charte d'où nous sont venus le repos et la liberté. L'homme sensé, sage et modéré ne peut plus à présent se laisser imposer par l'apparition de quelques écrits empreints de fiel, d'exagération ou de craintes sans conviction. Ce ne sont là que les derniers soupirs de partis qui s'en vont, les dernières lueurs d'une flamme qui va se perdre dans la clarté du flambeau certain qu'a allumé pour nous l'expérience. Nous avons vécu des siècles en peu d'années ; la France cherche une assiette tranquille après l'agitation. Son penchant ne la porte plus que vers les choses modérées, vers les milieux.

La liberté de la presse est une tribune sans cesse ouverte à l'opinion ; elle dépasse quelquefois les bornes, mais elle renferme en elle le contre-poison de ses excès, semblable au scorpion qui recèle dans son sein le souverain remède de ses piqûres. Qu'ils seraient vains les efforts de ces hommes qui tenteraient de nous conduire vers les abîmes en nous faisant marcher dans les routes de la licence ! Le plus cher de nos désirs est rempli, nous possédons la vraie, la seule liberté possible, épurée de ce qu'elle eût de criminel : nous saurons la garder. Elle est pour nous le fruit des revers et le résultat de l'expérience, elle émane de nos rois ; elle est enfin gravée dans ce pacte fondamental aux pieds duquel les partis viendront toujours briser leur colère impuissante.

C'est surtout sur les études historiques que les idées nouvelles ont exercé leur influence, et c'est là une des spécialités de l'époque. Dégagé de préventions, l'esprit de l'histoire a sondé des faits jusque-là restés obscurs ; les droits, les malheurs, les préjugés et les intérêts des peuples sont aussi devenus l'objet des observations et des recherches ; sous ce point de vue, l'histoire a pris un aspect tout nouveau ; elle a cessé d'être la fille de l'adulation ou l'écho de l'esprit de secte ; des faits qu'on n'avait pas osé aborder ont été dépouillés du voile officieux qui les enveloppait ; de

grands hommes ont été réduits à leur dimension véritable, d'éclatantes actions dépouillées de leur pres-
tige. On a interrogé les vieilles Chartes ; les manuscrits
ont fourni leur tribut ; l'histoire a enfin revêtu un caractère d'indépendance et de grandeur, et la vérité ,
sans voile , s'est montrée aux regards et a révélé ses
imposantes leçons. Dans un cours des plus instructifs
qu'aient suivi encore la jeunesse , un habile et élo-
quent professeur a adopté cette marche certaine. Les
connaissances historiques se sont réfléchies et con-
centrées dans ses savantes leçons comme dans un
foyer lumineux. C'est en suivant le développement
des idées dominantes de chaque période , qu'il a su
grouper tous les faits autour de centres d'activité, et
retracer ingénieusement toutes les phases de l'astre
de la civilisation, depuis les temps où la barbarie
couvrait l'Europe de ses ténèbres , jusqu'aux jours
où le flambeau des arts et des sciences a répandu
sur le monde et ses bienfaits et ses splendeurs (a).

(a) Il n'est pas nécessaire de nommer ce professeur,
que ses hautes connaissances viennent de faire appeler
aux conseils du trône ; mais je prie le lecteur de ne pas
oublier qu'il n'était que professeur quand j'écrivais ces
lignes. (*Voir* l'avant-propos.)

DEUXIÈME PARTIE.

CONSÉQUENCES ET RÉSULTATS (*a*).

AVERTISSEMENT.

Ici commence une nouvelle série de faits. Ce que l'on vient de lire est la véritable introduction de cette seconde partie, puisque j'y peignais en février l'état moral des esprits, résultat des influences du gouvernement représentatif et des idées nouvelles. Les grands événemens qui viennent d'avoir lieu sont en effet la confirmation ou la conséquence des principes et des vérités que j'avais avancés.

CHAPITRE VI.

De ce qui a préparé les événemens de juillet.

C'est dans trois jours que Paris a reconquis les libertés de la France ; dix mille victimes ont marqué le rapide passage de l'oppression à la victoire.

Au premier abord tout semble spontané dans cette explosion populaire, mais si l'on veut y réfléchir un peu, l'on demeurera convaincu que l'irritation était dans tous les esprits, et que tout le monde se trouvait prêt à la résistance depuis le ministère fatal.

Je ne veux point examiner ici le mal que l'on a fait à la couronne, à la religion et à la France, en essayant, comme tout porte à le croire, de mettre le trône sur l'autel et les mesures de l'absolutisme sous la direction du sacerdoce : c'était ébranler la

(*a*) Cette seconde partie a été écrite dans le mois d'août.

Charte, en portant atteinte aux libertés de l'église gallicane et à la liberté de conscience qu'elle consacre et protége. Je laisse de côté ces hautes questions abordées par d'habiles publicistes, qui ont prouvé que c'est là l'une des causes principales qui ont amené les divisions dans l'état. Je me contenterai de dire ici que les actes qui se succédaient depuis long-temps éveillaient les craintes des vrais amis de nos libertés ; cependant je ne remonterai pas jusqu'à Louis XVIII. On sait que ses intentions étaient de respecter et de faire respecter la Charte, et qu'il avait toujours fermé l'oreille aux exigences d'une faction qui haïssait nos institutions nouvelles. Il serait d'ailleurs injuste d'arguer contre lui de ce qui arriva dans les derniers momens de son règne ; on se rappelle qu'alors l'affaiblissement de ses facultés fut tel qu'en effet il ne régnait plus ; mais, sous son successeur, la dissolution de la garde nationale, le jour même où le Roi venait d'éprouver la satisfaction la plus douce, annonça surtout l'audace et le funeste ascendant des hommes du pouvoir. Qu'on se rappelle ce moment ; si la résignation fut exemplaire, la consternation fut-elle moins vive ?

C'est sous le ministère Villèle que prirent un grand développement ces congrégations et ce pouvoir occulte qui réveillèrent tant de méfiances.

Le ministère qui remplaça celui-ci ramena le calme ; on respira ; mais les factions soulevées par l'autre n'en poursuivaient pas moins leurs projets dans l'ombre.

Avec les hommes du 8 août, dont l'apparition fut un météore effrayant, recommencèrent les attaques et reparurent toutes les craintes. Epoque fatale ! C'est alors qu'on osa frapper de réprobation les hommes les plus dévoués à la monarchie, parce qu'ils maintenaient les libertés de toute la puissance de leur talent.

Quoiqu'en aient pu dire certains journaux, salariés ou non, qui menaçaient sans cesse le trône et la France du parti républicain, il ne trouvait plus d'appuis nulle part, et, depuis la restauration, n'inspirait plus une terreur fondée, car il laissait ignorer jusqu'à son existence.

C'est cependant cette supposition cruelle et gratuite, ce sont ces terreurs hypocrites et chimériques, thème qu'on retournait chaque jour de cent manières, qui n'ont pas peu contribué à semer la zizanie en France, à entretenir les craintes de la couronne et à renverser le monarque. Mais une lutte existait réellement entre deux partis, qui n'ont pas cessé de se manifester sous le dernier règne, et qui au 8 août ont montré des dispositions plus hostiles que jamais : ce sont les *absolutistes* et les *constitutionnels*, partis dont l'un, si le combat se prolongeait, devait nécessairement écraser l'autre.

Le premier, plus ou moins soutenu par le ministère, marchait tantôt à découvert, tantôt dans l'ombre, minait ou attaquait ouvertement nos libertés; le second marchait toujours le front levé, défendait loyalement le gouvernement constitutionnel, et, depuis un an, s'était sensiblement grossi d'une multitude de royalistes éprouvés, franchement attachés au nouvel ordre de choses, et qui par cela seul se trouvaient placés du côté des libéraux. Ceux qui viennent de perdre le trône par leurs conseils, affectaient de les appeler hypocritement le parti de la défection, quand ils ne les gratifiaient pas du nom de jacobins et de révolutionnaires (4). Il faudrait fermer les yeux à la lumière pour ne pas convenir que le nombre des royalistes constitutionnels était immense.

Mais poursuivons cette triste série de faits. On emploie tous les moyens pour se jouer impunément de ce qu'il y a de plus sacré, la foi des sermens ; journaux, pamphlets, menaces, protestations hypocrites d'amour pour la Charte, rien n'est épargné (5) ; on environne le Roi de mensonges, on lui dépeint les amis des libertés publiques comme une poignée de factieux, et la France entière comme dévouée à un autre ordre de choses, et cherchant à secouer le joug de ce qu'on affectait de nommer l'empire du journalisme ; on traduit devant les tribunaux le *Journal des Débats* qui, à l'apparition du dernier ministère s'était écrié prophétiquement : *malheureuse France ! malheureux Roi !* Les hommes les plus sages du côté droit, ceux qui dans tous les temps avaient donné à la monarchie des garanties non équivoques de leur dévoûment, ne sont pas plus épargnés que les autres, et sont même poursuivis avec acharnement. O honte ! l'on prodigue l'injure et le sarcasme à des hommes tels que les Delalot, les

Châteaubriand, les Hyde de Neuville, parce qu'ils agissaient selon leur conscience et leurs sermens!

Néanmoins jusque là la guerre aux libertés publiques demeura timide, et à demi voilée. Un homme manquait qui se chargeât de la proclamer et de la transformer en guerre ouverte: il paraît! l'audace s'assied avec lui aux conseils du monarque, et la crainte rentre dans les cœurs avec les souvenirs de la loi d'*amour* et du sang de la rue Saint-Denis. D'honorables destitutions frappent les amis de l'ordre; des démissions plus honorables encore ouvrent les yeux des moins clairvoyans. Dès cet instant la douleur oppresse les amis du trône et des libertés nationales; celui qui les a le mieux défendus avait dit qu'un jour on essaierait de confisquer la Charte entière au profit de l'article 14; les Cottu et les Madrolle, dans leurs mémoires autorisés et protégés, semblaient vouloir justifier cette prédiction par l'interprétation la plus odieuse de cet article. Toutefois nous espérions encore; mais le langage de la raison et la vérité ne pouvaient plus parvenir au monarque environné d'une atmosphère de mensonges; dès-lors il fut facile de prévoir le malheur de la France et l'ébranlement du trône. Hélas! la fatalité l'entoure et le presse; tous les efforts des gens de bien deviennent inutiles, tous les sages avis, toutes les manifestations généreuses viennent expirer à ses pieds comme les flots sur le rivage.

La session s'ouvre, mais une phrase menaçante

produit l'adresse des 221 et le prophétique discours de Châteaubriand (6`; l'inquiétude se propage avec les associations bretonnes pour le refus de l'impôt *illégal*, tandis que les incendies dévorent plusieurs de nos provinces, et que le malaise couvre comme d'un voile funèbre toute l'étendue de la France.

Que voyons-nous alors? la prorogation et bientôt la dissolution des Chambres, les destitutions prodiguées à tout ce qui montre des sentimens élevés. Ainsi tout offrait à nos yeux le coup d'état suspendu sur nos têtes comme l'épée de Damoclès; la faiblesse aveugle et l'audace l'ont laissé tomber; mais est-il surprenant que toute la France se trouvât prête à la plus généreuse résistance? Non, à l'apparition des ordonnances il n'y a eu de spontané que les mesures défensives, prises avec tant de succès contre l'oppression armée, et d'étonnant que l'immensité du naufrage qui a englouti dans le même abîme ministres, trône et dynastie.

CHAPITRE VII.

Coup-d'œil rapide sur les faits et les résultats.

C'était le 26 juillet ; on ignorait l'existence des fatales ordonnances ; le ciel était sans nuages et le calme dans les esprits, l'appréhension du coup d'état était dissipée par l'expédition des lettres closes qui fixaient au trois août l'ouverture de la session ; chacun vaquait paisiblement à ses affaires ; et ceux qui se mêlent plus spécialement de politique se disaient : le Roi a consulté l'opinion du pays, la voix solennelle des électeurs vient de la lui transmettre, il la connaît ; en ce moment ses yeux sont ouverts sur l'abîme où on voulait l'entraîner, et long-temps encore le trône reposera sans secousse sur les libertés nationales.

Mais, ô néant des spéculations humaines ! ô vain et dernier espoir ! les ordonnances paraissent dans le journal du soir ; l'on en croit à peine ses yeux, on a besoin de les relire. Le lendemain tout Paris les connaît ; les gendarmes parcourent la ville, l'effroi est au comble ; les presses sont saisies ou brisées ; des signes de résistance se manifestent ; à l'aspect d'un déploiement de forces militaires, quelques heures suffisent pour organiser la plus légitime défense. Assemblées spontanément ou cédant sans effort à une direction intelligente, partout, aux cris de vive la Charte, des masses d'artisans, d'ouvriers et de bourgeois se lèvent, tandis que la presse proteste contre la violence et que les journaux bravent la police en paraissant sous toutes les formes.

Le 28, nouveaux assauts, nouveaux traits de courage ; le sang et le carnage inondent Paris mis en état de siége ; toutes les autorités ont disparu excepté celle de la force représentée par les baïonnettes ; le peuple trouve, enlève ou reçoit des armes; la défense se régularise ; les députés de Paris demandent une suspension, elle est refusée, et la capitale est livrée aux troupes comme une place prise d'assaut.

Alors le courage devient de l'héroïsme ; des retranchemens, des barricades s'établissent sous le feu de la mitraille ; les Parisiens s'irritent mutuellement et se multiplient ; les pierres et les tuiles volent du haut des édifices sur la troupe qui plie ; les rues sont dépavées, les signes de la royauté disparaissent, le sang ruissèle, les morts et les blessés encombrent les rues et les places publiques, et les boulevards sont jonchés de ces antiques ormeaux qui naguère protégeaient la population de leur ombre, et dont la chûte semble aujourd'hui présager celle d'un trône.

Le 29 le carnage prolonge ses horreurs ; les Suisses meurent comme au 10 août ; la ligne, placée entre sa consigne et l'honneur, cède aux citoyens et à la voix de la concience ; les malheureux soldats de la garde obéissent à regret, mais se battent avec courage ; accablés par tout un peuple, ils tombent ou se retirent, et sortent enfin de Paris. Ce jour-là, comme le précédent, des généraux habiles, des jeunes gens pleins de talent et de bravoure dirigent les mouvemens. Le Louvre et les Tuileries sont enlevés : à trois heures tout était fini.

O prodige ! nous ne possédons que des autorités provisoires et sans force, le peuple entier est en armes, et le gouvernement marche de lui-même par la seule force de l'opinion et de l'habitude de l'ordre , semblable à la nef qu'on voit avec étonnement glisser sans rames sur l'onde , parce qu'elle obéit à une première impulsion.

Toutefois , la machine trop compliquée ne peut marcher long-temps encore ainsi. Déjà quelques cris sinistres se font entendre ; des placards audacieux manifestent des volontés perverses et semblent exciter le peuple qui se retire à se mettre sur la route des exigences. Au milieu de la confusion une mesure rassurante calme les esprits : la garde nationale s'organise d'elle-même , et l'énergique protestation des députés présens à Paris est publiée. Cependant l'esprit de faction se réveille ; la famille royale n'a point quitté les environs de la capitale : on est encore dans l'incertitude. Alors les Chambres se réunissent, la France est représentée par elles ; le vœu public se manifeste ; le principe de la légitimité dans la branche aînée des Bourbons ne trouve point d'appui dans le peuple ; là, ceux qui lui rendent hommage se taisent, et dans les Chambres , ils vont immoler leurs regrets à l'intérêt pressant de la paix et céder à la loi de la nécessité.

En effet, un grand événement vient de s'accomplir : le délit flagrant des hommes du pouvoir et l'exécution soudaine de mesures extra-légales avaient trouvé la résistance dans le peuple. Nulle autorité ne pouvait le servir, si ce n'est celle de la force ; il s'en est servi, il a été secondé par les victimes du dernier ministère et par la presque unanimité des citoyens. Vainqueur, il n'a exigé que deux choses : pour la France, la liberté ou le gouvernement représentatif qu'on voulait lui ravir, et, pour lui, l'élection à la place de la légitimité. Tout le secret de la révolution de 1830 est là. Quelque regret sincère que l'on éprouve, pense-t-on que M. le duc d'Orléans, lieutenant-général, eût pu gouverner comme régent du duc de Bordeaux ? Non sans doute. Que la raison et la fidélité cèdent à l'évidence, un changement de dynastie devenait la seule condition qui pût nous sauver de l'anarchie. Le torrent populaire venait de déraciner à la fois le chêne antique et ses rejetons. Un enfant dont la naissance fut une fête et un gage d'espérance, après un horrible attentat, est sacrifié et entraîné dans le naufrage. Il apprendra jeune que les rois ne se jouent pas impunément de leurs sermens, et qu'ils sont comme nous soumis à l'inconstance de la fortune et à l'inflexibilité du destin.

CHAPITRE VIII.

Réflexions rassurantes.

Une preuve que le peuple de Paris n'était point
révolutionnaire, comme les hommes du pouvoir fei-
gnaient de le croire, c'est la conduite admirable
qu'il a tenue pendant le combat et surtout après la
victoire. Observons d'abord qu'il n'a pas pris l'offen-
sive ; il n'a agi que lorsqu'il s'est vu formellement at-
teint dans ses droits acquis et qu'on a mis la violence
à la place de la loi ; il a fait par instinct et par senti-
timent ce que des gens plus instruits auraient pu faire
par raison et par politique. Parmi ceux qui avec tant
de courage et de sang froid se sont portés au-devant
des sabres et des baïonnettes, il est certain qu'il s'en
s'en trouvait beaucoup qui ne savent pas lire ou
qui ne connaissaient de la Charte que le nom ; mais
le moindre ouvrier appréciait par réflexion et par expérience ces libertés légales dont il jouissait depuis
quinze ans.

Il y a eu insurrection spontanée, c'est vrai ; en une
nuit et comme par enchantement, Paris s'était rendu
imprenable ; il y a eu dans tous les quartiers unanimité de moyens de défense et heureuses combinai-
sons qui devaient nécessairement changer la résistance
en victoire ; qu'est-ce que cela prouve ? De deux
choses l'une : ou le peuple a agi seul et sans conseils

ou il s'est partout soumis à une impulsion dirigeante. Dans la première supposition, son bon sens lui a dicté ce qu'il avait de mieux à faire; dans la seconde, sa soumission serait admirable; mais dans les deux hypothèses, il demeure prouvé que l'éducation constitutionnelle était descendue dans les dernières classes et que la Charte a porté nécessairement ses fruits. A présent j'abandonne cette double hypothèse et je dis que les deux causes ont agi simultanément. Ce qu'il y a eu de surprenant, c'est l'intelligence qui a présidé à tous les mouvemens et la promptitude du succès. Mais je le répète, toutes les classes se trouvaient prêtes à la résistance aussitôt que la Charte serait ouvertement violée; car il est bon d'observer que tant que les attaques ont été sourdes et ménagées, les Parisiens n'ont pas bougé : seulement leur amour pour la monarchie s'affaiblissait par degrés, et les rangs de l'opposition se grossissaient chaque jour davantage. Après ce qui vient de se passer, il faudrait être bien injuste pour ne pas convenir que ce gros bon sens, qu'on a appelé avec raison le génie de l'humanité, a seul préservé le peuple des excès. Il ne s'était point, on le voit, armé pour l'anarchie, mais pour l'ordre; il ne voulait point renverser les lois, mais se battait pour elles; c'est au nom de l'ordre légal qu'il s'est ébranlé, qu'il a vaincu; le cri de vive la Charte! a été le cri de ralliement pendant le combat, il retentissait encore après la victoire; il n'y a eu de guerre que contre les hommes du pouvoir oppressif et contre les militaires qui s'en sont trouvés les instrumens. Point de diver-

gence, point d'opposition, et les propriété particulières respectées. Du côté des agens du pouvoir s'est
trouvée la forfanterie, l'audace et l'imprévoyance ;
de l'autre intelligence et courage à la fois. On se battait pour l'ordre, et l'ordre a régné, pour les lois violées, et les lois ont repris leur empire.

Enfin ce peuple, tant calomnié auprès du souverain,
a repris ses travaux le lendemain de la bataille ; il ne
s'est plus mêlé de rien après avoir reconquis ses libertés, que de sanctionner par ses acclamations et
par sa soumission les actes des chambres, à qui il
laissait son avenir avec confiance.

Cependant après ces premiers jours de calme, nous
avons vu des semences de discorde fermenter dans
la ville et des craintes rentrer dans les cœurs. Tout à
coup un nom prononcé dissipe les inquiétudes, et les
germes démagogiques sont étouffés ; un prince aimé
du peuple accepte le gouvernail qu'on lui confie, et
l'on entrevoit la conservation du principe monarchique,
inséparable de la Charte victorieuse ; tout se rallie au
nom du prince citoyen ; un nouveau Louis-le-Gros
devient le protecteur des communes ; bientôt la reconnaissance lui offre la couronne et un serment à prêter ;
il les accepte et sacrifie les heureux loisirs de sa vie
privée au bonheur de la France.

Trois jours venaient de s'écouler depuis le 29 juillet, et déjà l'état semblait avoir repris son assiette et
le gouvernement son cours régulier : on croyait sortir
d'un rêve. Soyons de bonne foi, d'où pouvaient dans

ces premiers momens naître les motifs de sécurité? Quelque opinion qu'il eût, quelques regrets qu'il éprouvât, n'est-il pas vrai que chacun voyait le gage de la paix dans le gouvernement représentatif sortant vainqueur de la lutte?

CHAPITRE IX.

Des opinions manifestées dans les Chambres.

Tandis que des artisans de trouble essayaient d'exploiter à leur profit la puissance populaire et cherchaient vainement à tromper les masses sur leurs véritables intérêts, un autre spectacle s'offrait dans les chambres, non moins imposant par les hautes questions qui s'y agitaient, et non moins fécond en grandes leçons. Là, les deux opinions qui avaient divisé la France et séparé les deux sections de la droite, trouvaient des organes; là, s'élevait comme un phare qui allait plus que jamais éclairer et dominer toutes les discussions, l'amour de la patrie; des faits accomplis mettaient tous les députés en présence d'un nouvel ordre de choses, et l'obligation d'un parti prompt et décisif à prendre présentait quelque chose de solennel. Les divers sentimens sont sortis librement des cœurs, les consciences ont parlé, et tous les caractères se sont franchement dessinés. Quelques hommes aussi remarquables par leurs talens que par leur droiture, ont représenté les opinions différentes, et quoique divisés de principes, se sont trouvés réunis dans un même sentiment de fidélité. Ce sont les Conny, les Chateaubriand, les Hyde de Neuville qui, avant de se retirer, ont adressé d'éloquens hommages au principe de la légitimité qu'ils voyaient à regret s'effacer de la Charte, et payé à la dynastie qui nous quitte un dernier tribut d'adieux et de douleurs. Quant à ceux qu'avait entraînés le système absurde du ministère et les idées d'absolutisme, ils se sont presque tous rendu justice en s'abstenant de siéger dans les chambres, et cette fois se sont au moins montrés conséquens. Une autre opinion exprimée avec non moins de franchise, a entraîné ou sanctionné celle des royalistes constitutionnels qui restaient ; elle a été franche et raisonnée ; c'est M. de Martignac qui l'a exprimée. Les Berbis, les Delalot et tant d'autres ont pensé et agi de la même manière ; et leurs talens seront encore utiles au pays. Constitutionnels et dévoués au trône, ils avaient sacrifié, pour faire arriver la vérité jusqu'à lui, repos, places, honneurs, tout, jusqu'à leurs affections particulières ; traités d'apostats, aucun d'eux ne s'était laissé rebuter ni par les sarcasmes ni par les destitutions, et parmi les royalistes, eux seuls encore ont fait entendre à la tribune l'expression d'une noble douleur, eux qu'une faction hypocrite avait osé nommer le parti de la défection. Empressons-nous de leur rendre justice. Nous venons de les voir fidèles au pacte fondamental et députés, non du roi, mais de la France dont ils représentent les intérêts, immoler leurs souvenirs à la chose publique, et, pour le bonheur du pays, prêter un nouveau serment sans restriction (7). Quant à la manifestation de leur douleur, qui oserait se croire juste en leur en faisant un reproche ? Combien les uns et les autres seraient au contraire peu généreux et méprisables s'ils avaient aussi poursuivi de leur dédain ou de leur haine ceux à qui les attachait la reconnaissance, et que leur sagesse avait voulu tant de fois sauver ; s'ils n'avaient pas déploré le sort d'un enfant innocent et celui d'un roi qu'ont perdu d'affreux ministres, et qui sous ses cheveux blancs emportait dans son dernier exil la double majesté de l'âge et du malheur. Animés des intentions les plus pures, ils ne pouvaient croire à la violation d'un serment sacré, et s'étaient flattés qu'au moment de perdre le plus beau trône du monde, un rayon de sagesse éclairerait le front du roi. Sous l'empire de la Charte toute opinion franche et consciencieuse est par cela même respectable, et l'on peut l'exprimer sans crainte.

Et moi aussi, s'il m'est permis de me citer après ces grands noms, j'ai partagé leurs idées, j'ai caressé ces espérances trompeuses. Comment aurais-je jamais pu croire que l'on eut voulu anéantir ces libertés nationales que je regardais comme inséparables de la stabilité du trône et du bonheur de mon pays? Epris du gouvernement représentatif, j'avais pleuré et célébré dans mes vers l'auguste auteur de la Charte et béni l'avénement d'un roi qui la jurait avec pompe, et ouvrait sa carrière par nous rendre la plus chère de nos libertés. J'ai ajouté une foi entière à des promesses solennelles et je ne croyais pas aux déceptions. Je ne rougis pas de mes sentimens : l'erreur même est excusable quand elle émane d'un cœur pur et généreux (8).

CHAPITRE X.

Du coup d'état.

J'écrivais il y a sept mois (voir la fin du chapitre 3) que si la machine du gouvernement représentatif était jamais embarrassée ou arrêtée dans sa marche, l'opinion publique et la liberté de la presse la remettraient toujours en activité. C'est bien ce qui a triomphé maintenant ; ce sera toujours là le véhicule d'un gouvernement fondé sur les libertés nationales. Ce sont aussi ces organes qui avaient prodigué les plus salutaires avis à la couronne. Faut-il les passer en revue ?

Le jour où Charles X rendit à la France la liberté de la presse, n'entendit-il pas les bénédictions de tout un peuple ? Le jour de la grande revue de la la garde nationale, ne put-il pas apprécier l'amour de ses sujets ?

N'était-il pas rentré dans son palais, les yeux humides de ces douces larmes que fait verser le bonheur ?

Après la nuit fatale qui suivit un jour si beau, la stupeur de la France n'aurait-elle pas dû lui ouvrir les yeux ? Son unanime joie, lors du retrait de la fameuse loi *d'amour*, n'était-elle pas encore une leçon imposante ?

La conduite de la chambre des pairs, lorsque pa

rut la loi du droit d'aînesse, et la joie du pays à la chûte d'un ministère perfide, n'était-ce pas aussi la manifestation la plus évidente de l'inébranlable attachement de la nation à la Charte?

Dans une séance toute récente, un ancien ministre (a) nous a révélé ce que tout le conseil dont il faisait partie disait au roi en octobre 1828. Quel avertissement plus sage, quel pronostic plus vrai que celui que renferme la phrase citée : « .... La » sagesse de deux rois a fait à la France de grandes » concessions. La France les a vivement adoptées. » Dans l'état actuel des esprits et avec le mouvement » qu'elles ont elles-mêmes contribué à leur imprimer, » penser à les retirer, à les suspendre, à les modifier, » *ce serait remettre en question la royauté elle-* » *même*, et personne n'aura sans doute en France le » funeste courage d'en donner le conseil au roi. »

A cette époque un retour franc aux idées d'ordre et de justice, des mesures vraiment légales, l'abaissement d'un pouvoir occulte et dangereux, un retour sincère aux idées libérales, tout rendait à la France sa sécurité, la Charte reprenait son influence ; on n'en demandait que la paisible exécution, et le pays retrouvait, sous l'égide de la loi, calme et sécurité ; mais jusqu'au dernier moment une fatalité aveugle a semblé présider aux conseils du trône pour le renverser.

(a) M. de Martignac, séance du 17 août.

En effet, il ne faut pas un grand effort d'imagination pour voir tout ce que ce coup d'état et ce qui l'a précédé, renfermait d'absurde, d'illégal et de sot.

Avant, on avait prodigué destitutions et menaces à tous les votans de l'adresse ; on frappait des hommes intègres qui avaient voté selon leur conscience aux élections ; on semblait approuver ce qui s'était passé à Angers, à Montauban ; par l'une des ordondances, non-seulement la base des élections était changée, mais la chambre se trouvait dissoute avant d'être constituée ; ce n'était pas seulement la chambre, mais le peuple qu'on dépouillait tout-à-coup du plus cher de ses droits, car les suffrages de la totalité des électeurs était frappés de nullité. La garde et la ligne avaient reçu l'ordre de soutenir les mesures oppressives, et les presses étaient brisées par les gendarmes presque aussitôt que l'ordonnance publiée. Ainsi l'illégalité, la maladresse et la violence marchaient ensemble.

Il y avait en même temps, dans ces actes fraude, hypocrisie et bêtise. Le moment où éclataient ces mesures était presque celui où les lettres closes arrivaient à leur destination, où la France attendait, plus calme, que le souverain ouvrît enfin les yeux. L'ordonnance enlevait brutalement le droit d'électeur à une classe entière de citoyens ; enfin, cet acte absurde révélait une ignorance absolue de l'état des esprits et une imprévoyance complète des héroïques efforts que préparait la population entière pour la défense de ses libertés ; on n'avait pris que

des mesures dont le but et l'appareil avait pour objet d'effrayer la capitale, ce que l'on croyait suffi-
sant, mais dont la combinaison et la force ne pouvaient l'asservir. Enfin, pour que chacun se tînt
pour averti, on avait environné de confiance et fait
entrer au conseil d'état des hommes flétris dans l'opinion. On avait laissé échapper des jactances et certaines feuilles préconisaient la nécessité d'un coup
de main. C'est ainsi que l'impéritie et la violence
marchaient de front avec l'illégalité.

CHAPITRE XI.

Du serment violé et du pacte fondamental.

DANS la première partie de cet ouvrage, j'ai montré la situation dans laquelle les Bourbons, à leur retour, trouvèrent la France et les esprits, et développé ce que la Charte renfermait en elle de germes de prospérité. Il n'entre pas dans mon plan, d'examiner si ces Princes auraient pu alors rétablir toutes les bases du gouvernement d'autrefois ; pour moi qui, malheureux par la révolution, les aurais toujours accueillis avec plaisir, je ne le pense pas ; je crois au contraire que le gouvernement qu'ils promettaient était le seul propre à concilier les opinions, à fonder le bonheur de la France et à consolider le trône ; je suis intimement convaincu que Louis XVIII avait trop étudié son siècle pour ne pas être sûr qu'il n'aurait pas régné, sans une Charte, sur la génération qu'il trouvait. Aussi ne s'est-on pas beaucoup arrêté à la formule *par la grâce de Dieu*, que celui-ci conservait dans le protocole de ses actes par respect pour les formes d'autrefois ; en effet, il était plus sage de ne considérer que les faits, or il était patent que Louis XVIII, venait régner en vertu d'un contrat ; ce contrat était sa Charte. En l'adoptant, la nation ne s'arrêtait plus à la question de savoir si c'était à elle ou à lui qu'il appartenait de le présenter ; c'était surtout de son essence qu'elle s'occupait. Après la république et le despotisme, sa raison voyait bien que Louis ne régnait que par la Charte ; que c'était là la condition *sine quâ non*, un pacte sacré qui ne pouvait plus être résilié, qui liait à toujours le Roi comme sa famille et qui était juré à la face du ciel.

Après deux gouvernemens extrêmes que pouvait-on trouver de mieux qu'un gouvernement modéré, qui consacrait et protégeait les libertés, qui mettait les droits de tous sous l'égide de la loi et qui établissait des pouvoirs pondérés et fixes, dont le balancement produisait l'harmonie ?

Eh bien ! cet acte, résultat de la sagesse et du temps, dont nous avons essayé de faire ressortir tous les avantages dans la première partie, ce pacte qui asseyait le trône sur les libertés nationales, adopté et juré par les deux parties contractantes, les liait également.

Sous un Roi tel que Louis XVIII, malgré quelques atteintes à la Charte, tous les efforts des absolutistes pour la briser violemment, seraient demeurés infructueux ; sous son successeur, les empiètemens du pouvoir, les mesures extra-légales, entretenaient les méfiances et se sont renouvelées souvent ; nous en avons rappelé quelques-unes. Sentinelle avancée de l'opinion, la presse périodique annonçait le danger. Cependant le peuple espérait encore dans les promesses d'un Roi qui, dans une occasion solennelle avait prononcé des paroles rassurantes (*a*). La France confiante pensait que le souverain avait enfin étudié l'opinion publique, et s'était bien convaincu, que les mesures de l'absolutisme n'étaient plus de saison, parce qu'elles ne trouveraient plus d'appui dans nos mœurs et dans nos habitudes. O sécurité trompeuse ! la violation formelle du pacte sacré s'est fait jour *ex abrupto* par les ordonnances fatales, la Charte s'est trouvée déchirée par l'une des parties, le contrat résilié par l'un des signataires. Pense-t-on qu'il ait fallu plus de vingt-quatre heures à ces patentés, à ces industriels insultés pour le reconnaître ? La résistance a semblé spontanée, mais elle était dans toutes les têtes, parce qu'elle réposait sur la loi, sur un contrat que le peuple ne violait pas. Aussi l'a-t-il prouvé ; les classes les moins instruites de la population, même celles qui n'avaient jamais lu la Charte, se sont facilement laissé dominer par la raison. Depuis quinze ans l'habitude leur avait appris tout ce que cette forme de gouvernement renferme en elle de garanties de repos. Pour sentir qu'on les privait à la fois de toutes leurs libertés, elles n'avaient presque pas besoin qu'on le leur dît ; c'était un peuple transformé par la presse périodique et par tout ce qu'il apprenait et voyait chaque jour ; il assistait en quelque sorte à nos débats parlementaires, et n'ignorait aucun de ses droits ni des avantages d'une

(*a*) Session de 1828, discours d'ouverture.

sage liberté ; il ne voulait point en abuser. Ce n'était plus l'aveugle et servile instrument de l'anarchie, l'esclave abruti de l'absolutisme ; il sentait que ces formes de gouvernement ne convenaient plus à la France calme ; il ne demandait plus, quand le coup d'état a paru, que l'exécution fidèle du pacte qu'il avait accueilli, et aurait patiemment attendu du temps et des chambres les améliorations à venir (9).

CHAPITRE XII.

De l'article 14.

Quel étrange mépris du bon sens de la nation que d'oser expliquer comme on l'a fait les derniers mots de l'article 14 de la Charte!... « Le Roi fait les réglemens et ordonnances pour l'exécution des lois *et la sûreté de l'état.* »

Voici le fond du beau raisonnement des Cottu et des ministres : le Roi avait de son pur mouvement octroyé une Charte, il a donc le droit de la modifier; ce droit est même consacré par l'article 14, qui laisse au Roi le pouvoir de faire tout ce qui est nécessaire à la sûreté de l'état; il peut donc, s'il le croit utile, changer la loi des élections et suspendre la liberté de la presse. Poussons les conséquences : il peut mettre ainsi l'ordonnance à la place de la loi; son autorité n'est plus bornée, il exerce une dictature, il renverse les bases du gouvernement représentatif en suspendant la Charte elle-même, dont le pouvoir restera nul tant qu'il plaira au souverain, revêtu tout-à-coup d'un pouvoir discrétionnaire et absolu.

Quelle absurdité! et ce sont de pareilles aberrations qui ont pu entrer dans la tête de ministres investis de la confiance royale! La nation avait-elle tort de les désigner au Roi par la voix de l'opposition, comme les conseillers les plus sottement hostiles au trône et au pays? Quelle audace, et en même temps quelle impéritie!

Nous avons établi que la Charte était un contrat, et nous ne reviendrons pas là-dessus; on ne pouvait la violer sous aucun prétexte, et peut-on soutenir qu'elle eût été acceptée, si les Français avaient pu supposer qu'un jour on donnerait à l'un de ses articles une interprétation si forcée? Ce qui est nécessaire à la sûreté de l'état, n'a jamais pu s'entendre, aux yeux de la raison, que des réglemens d'ordre et de police, des mesures conservatrices et protectrices, propres à assurer le bonheur et le repos du pays. On pouvait concevoir des modifications au pacte fondamental, des changemens à la loi d'élection avec le concours des trois pouvoirs, mais comment faire admettre, je ne dis pas à des politiques, à des hommes éclairés, mais au simple bon sens, que dans un acte liant deux parties, on eût laissé passer un article qui aurait eu le funeste pouvoir de briser cet acte? C'est cependant avec ce principe qu'on a renversé en trois jours une monarchie de huit siècles. Que dirait-on d'un propriétaire qui, s'étant soumis par un bail à faire tout ce qui sera *nécessaire à la sûreté* de son bâtiment, ou, en d'autres termes, à faire les réparations nécessaires, viendrait tout-à-coup, en vertu de cette clause, vous expulser de vos droits et vous enlever votre principale pièce, sous le prétexte de bâtir à la place une voûte pour soutenir le bâtiment? Ne serait-ce pas résilier brutale-

ment son bail et donner lieu à un procès qu'il ne
pourrait jamais gagner?

Eh bien! c'est un procès pareil que le ministère
intentait au public. C'est un aussi infâme manque
de foi qu'il voulait expliquer par la nécessité,
comme si la sûreté de l'état était compromise. La
méfiance et l'inquiétude régnaient, il est vrai, mais
grâce à ses menaces, et jusques-là la France reposait
dans la plus profonde paix. C'est à une nation éclairée,
après quinze ans de liberté, qu'on voulait imposer
de pareilles mesures, et dans quel moment encore!
quand la victoire, au-delà des mers, venait de
justifier une grande entreprise et de contenter la
nation; quand de si rapides succès venaient de cha-
touiller son orgueil et de réveiller en elle le sentiment de sa dignité, en lui rendant son rang parmi les
grandes nations de l'Europe.

C'était joindre l'ironie et la dérision à l'insulte, que
de déclarer, dans un rapport pompeux, pérystile d'un
édifice bâti sur le sable, que l'on voulait rentrer par
là dans la Charte. Quelle déception! c'était aussi
par trop absurde! On ne pouvait pas se jouer impunément du bon sens de tout un peuple. C'est ce qui
a été prouvé dans les trois journées de juillet. Le
noble pair qui avait dit, en voyant arriver l'impéritie
aux affaires, qu'un jour on essaierait cette interprétation de l'article 14, a dit encore le 8 mars dernier:
« Mettez en avant les principes du despotisme, on
vous répondra par les maximes de la démocratie. »

On vient de le voir. Briser un serment, se mettre au-dessus de la loi, c'est passer par un soubresaut du domaine du juste à l'empire de la force ; aussi est-ce la force qui a répondu et renversé, au nom de la loi, le pouvoir oppresseur.

CHAPITRE XIII.

Qu'en nous ralliant franchement à la Charte, nous
n'avons rien à craindre de l'avenir.

————

Dans la première partie de cet ouvrage, je disais
que le moindre citoyen était devenu fier de la petite
portion de liberté politique qu'il exerçait dans l'état;
que de près ou de loin chacun prenait part aux affaires
publiques, et que le gouvernement représentatif avait
jeté des racines profondes. Ce qui vient de se passer
en est la preuve. A quelle époque et dans quelle
contrée trouvera-t-on un peuple qui sans orgueil, après
la plus légitime défense et la plus glorieuse victoire,
ait repris ses travaux et soit rentré dans ses ateliers,
satisfait d'avoir reconquis ses franchises au nom de
l'ordre, et livrant son bonheur aux pouvoirs que ses
mandataires et la Charte ont institués. Je ne voudrais
pas d'autre preuve pour établir que le gouvernement
représentatif est sympathique à nos mœurs, et que
c'est à présent le seul qui nous convienne. A voir la
manière dont ces milliers d'ouvriers et de bourgeois
se sont conduits, qui pourrait douter qu'ils ne défen-
dissent ce qu'ils aimaient et que ce ne soit pas la
Charte qui ait triomphé? Dans le rapport qui précède
les trop fameuses ordonnances, on semblait vouloir
effrayer le roi et la France de ce que la politique
était descendue jusques dans les plus basses classes,

et c'est là précisément ce qui a fait notre sécurité. Quand on ne devrait pas d'autre service à la liberté de la presse, ne mériterait-elle pas la plus grande reconnaissance? ne faudrait-il pas la considérer comme le plus ferme appui des états et la plus sûre garantie de repos et de bonheur? C'est à l'usage des libertés légales que nous devons le spectacle prodigieux dont nous avons été les témoins. Que l'on transporte en imagination les journées de juillet et l'immense peuple des faubourgs, trente-sept ans plus haut, et l'on se figurera tout ce que l'anarchie ignorante et sans frein aurait eu de plus épouvantable, de plus sanglant et de plus horrible. Voilà cependant ce que les habitudes constitutionnelles ont produit, ce qui a fait dire à l'illustre écrivain qu'on ne peut trop citer : « Ce peuple s'est montré grand de tout ce que la liberté ajoute à la gloire (10) ». Le principe d'une liberté sage et le principe monarchique sont sortis vainqueurs de cette grande lutte et survivront à toutes les utopies pour nous sauver.

Le mois d'août vient d'offrir aux citoyens paisibles des sujets d'alarmes; mais les résultats ont prouvé jusqu'à l'évidence que tout retour à la démagogie est impossible. Qu'ont produit les efforts de la malveillance? Avouons-le pourtant, ces alarmes ne semblaient que trop fondées. Tandis que les Chambres remettaient au creuset le pacte fondamental, palladium des libertés de la France, et semblaient vouloir reconstruire tout l'édifice social, la presse était passée tout à coup de la liberté à la licence; des placards de toute espèce tapissaient les murs de Paris ; chacun y proposait ses vœux , chacun offrait sa constitution et présentait ses additions et ses retranchemens à la Charte ; on approuvait ou l'on blâmait les Chambres ; l'unité de vues semblait rompue et les utopies répu- caines reparaissaient dans les journaux et dans les af- fiches. La garde nationale s'organisait lentement , la police n'exerçait pas son influence salutaire ; des rassemblemens nombreux se formaient la nuit dans les rues ; des cris sinistres , quoique isolés , reten- tissaient par intervalle. On avait agité autour du palais de la Chambre un drapeau national voilé d'un crêpe funèbre, comme si la liberté était menacée, et des vœux se faisaient entendre en faveur d'un enfant, héritier d'un nom qui avait remué le monde , tandis que des pamphlets et des caricatures , sans générosité comme sans pudeur, insultaient publiquement au malheur et jusqu'à la fille de Louis XVI ! Le souvenir des jour- nées sanglantes s'offrait à l'esprit effrayé. Tel a été le spectacle qu'a présenté la capitale après les jours de calme et de modération, dont aucune révolution n'avait encore donné l'étonnant exemple. Il nous a prouvé qu'un parti s'est réveillé, qui ne voudrait pas du gouvernement représentatif et rêve encore l'anarchie. Eh bien , tout cet appareil effrayant s'est dissipé ; c'était l'ouvrage du dépit et de la malveil- lance ; le résultat des manœuvres de ces hommes qui n'ont rien à gagner dans le repos et qui n'espèrent que dans le désordre ; d'ambitieux désappointés qui s'indignaient de voir le torrent populaire, si terrible dans son débordement, rentrer paisible dans son lit, au nom de l'ordre ; de ces hommes enfin, rebut et lie de la société, qui apparaissent toujours dans les temps d'orage, semblables à l'écume qui s'élève au-dessus des flots agités : tous leurs efforts ont échoué, le langage de l'autorité à la fois juste et ferme, les conseils de la raison et le déploiement des forces imposantes de notre garde citoyenne, ont conjuré la tempête, préservé d'excès une foule aveugle, et ramené des hommes égarés un moment par de coupables conseils (11).

CHAPITRE XIV.

Un de mes vœux.

Les saines opinions triompheront toujours. Je lisais naguère dans une feuille publique (a) : « Ce serait manquer à son pays que de ne pas avoir l'ambition d'appliquer les idées qu'on croit les plus favorables à sa propriété. Cette ambition est du patriotisme. » Ceci est tout à fait vrai ; avant de l'avoir lu, c'est le motif qui m'avait fait prendre la plume. Plus bas le même journal dit encore : « On ne prendra plus à présent des conseils loyaux pour des vœux coupables, ni un dévoûment éclairé pour une contradiction malveillante. »

Tous les vœux que je forme sont pour le bonheur de mon pays ; il en est un surtout dont l'accomplissement me semblerait un gage de sécurité pour le trône et pour la France ; pourquoi balancerais-je à le manifester hautement ?

Nous avons vu que l'attachement aux libertés nationales a réuni sous le dernier gouvernement une multitude d'hommes de talent, de diverses nuances d'opinion ; nous avons vu la conduite franche et loyale des royalistes constitutionnels et le zèle avec lequel ils ont défendu les institutions et les intérêts du pays.

(a) *Le Temps*, numéro du 29 août.

Que le gouvernement en les appelant autour de lui les investisse d'une haute confiance, dont ils se sont montrés si dignes par leur conduite. Ne serait-il pas à la fois impolitique et injuste de frapper ces hommes intègres du même ostracisme politique que les amis avoués des congrégations et les partisans déclarés d'un ordre de choses qui ne pouvait plus revenir (12)?

Un homme de beaucoup d'esprit formait naguère un vœu tout pareil en faveur des hommes de lettres (a); il a été inspiré par des motifs aussi louables que les miens. Eh bien! combien cette classe ne renferme-t-elle pas d'écrivains qui appartiennent à l'opinion royaliste constitutionelle! Qu'on ne s'imagine pas que le vœu que je manifeste soit isolé; je pense au contraire qu'il trouverait de l'écho en France. A cet égard, il ne s'agit que de parcourir certains journaux influens, et notamment celui que je citais tout-à-l'heure.

La raison publique dans Paris et dans les Chambres n'a-t-elle pas justifié mon sentiment, quand la retraite inattendue de plusieurs de ceux dont je plaide la cause, a excité d'unanimes regrets, récompense honorable de leur loyauté (b)? Soyons de bonne foi, leur conduite et celle de leurs amis pourrait-

(a) *Voyez* dans le deuxième numéro du mois d'août de la *Revue de Paris*, un charmant article de M. Véron, intitulé: *De la Nécessité présente d'appeler les gens de lettres aux affaires.*

(b) Personne n'a oublié la sensation que les Chambres et Paris ont éprouvée quand MM. de Cordoüe, Hyde de Neuville et quelques autres ont donné leur démission.

elle inspirer des méfiances ? Ceux que l'on nommait plus spécialement libéraux ont-ils plus franchement et plus noblement défendu les libertés publiques ?

J'ai déjà retracé la marche qu'ils ont suivie depuis le ministère *Villèle*; elle a été tranchée. Sous le dernier, ont-ils trahi leurs premiers principes ? n'ont-ils pas, soit à la tribune, soit dans les journaux de l'opposition, poursuivi toutes les factions et proclamé leur profession de foi constitutionnelle? Est-il besoin de nommer les Vatimesnil, les Cordoue, les Martignac et tant d'autres? Reste à examiner leur conduite récente dans les Chambres. Qu'y peut-on raisonnablement blâmer? Ils ont fait à la fidélité, à la reconnaissance, à leurs habitudes, tous les sacrifices qu'ils pouvaient faire. Les aurait-on préférés ingrats? Ah! leur hésitation fut noble et touchante et milite en leur faveur; leurs pleurs et leurs regrets ne sont ni dangereux ni coupables. Qu'on se les représente un moment devant un changement si rapide, devant des résultats si extraordinaires, et que toute leur sagesse n'aurait pu prévoir, on les approuvera; car il faut se presser de le dire, ils avaient hâté de tous leurs vœux la chûte d'un ministère inhabile et mal intentionné. Ils pouvaient l'espérer; mais ce qui les a d'abord frappés de stupeur, ce qu'ils n'auraient jamais deviné, c'est la destruction d'une monarchie de huit siècles en trois jours, c'est la légitimité sacrifiée et remplacée par l'élection. Comme tout le monde, n'avaient-il pas vu que, même le 28 juillet, on ne se battait que contre les ministres et pour la conservation de nos institutions ? Que l'on songe en même temps à tout ce qu'ils ont fait pour sauver le roi, et l'on s'expliquera leur douleur à l'aspect d'une si haute infortune, qui enveloppe toute une race aux deux bouts de laquelle s'étaient trouvés Henri IV et l'auteur de la Charte. Le malheur est sacré pour tous les cœurs généreux, et leur douleur était légitime (13); mais leur loyauté n'a pas été moins frappante quand, en présence d'un fait accompli, ils ont laissé dominer leurs affections par le devoir, par l'amour de la patrie, et prêté un nouveau serment sans restriction.

Non, la nouvelle dynastie n'a rien à redouter et peut tout espérer de ces hommes dont le dévoûment ne fut point un calcul et qui n'ont point forfait à l'honneur. Ils concourront au bien général avec le roi-citoyen qui s'est chargé de régner par la loi : ce ne sont point eux qui pourraient lui porter ombrage. Eh ! comment ne seraient-ils point fidèles à leur nouveau serment ceux qui n'ont cédé qu'à la voix de leur conscience, et, tout en servant les intérêts de la couronne, n'ont jamais trahi les libertés ! ceux qui, poursuivis par les lâches outrages d'une faction qui s'arrogeait le titre de royaliste par excellence, n'ont cédé qu'à l'impulsion de la raison et du devoir ! dont enfin la fidélité, quoique baffouée et méconnue, avait jeté dans leurs cœurs de si profondes racines, qu'il a fallu, pour l'en arracher, les considérations les plus puissantes sur l'honnête homme, le bonheur de leurs concitoyens et l'amour de la patrie.

CHAPITRE XV.

De quelques objections.

On répétera long-temps que les Chambres n'avaient point mandat pour faire ce qu'elles ont fait; que celle des députés a excédé ses pouvoirs; qu'en calculant leur force numérique totale, il se trouve que toutes leurs décisions sont le résultat de la minorité, et tant d'autres choses qui, dans des temps ordinaires, militeraient contre elles; que les députés n'avaient point mission du peuple pour disposer d'une couronne, et qu'enfin ils avaient été nommés sous l'empire d'un ordre de choses qui n'existe plus. Les motifs que mettent en avant, dans leurs lettres, un bon nombre de députés et quelques pairs démissionnaires, sont fondés sur ces imputations, et je ne doute pas qu'elles ne leur soient également adressées par le petit nombre de ceux qui rêvaient une république et pour qui le gouvernement représentatif est un mécompte.

Il serait facile de répondre à ces spécieuses objections par cette question embarrassante : Qu'auriez-vous fait à leur place? Mais, sans nous arrêter pour le moment à discuter les résultats de leurs délibérations précipitées, il ne serait pas difficile de prouver qu'il y a quelque chose de paradoxal dans les reproches dont on les charge. Leur déclaration est leur premier acte ; elle est franche et surtout légale ; car elle ne s'appuie que sur la loi. Cette protestation énergique a rassuré d'abord les esprits en nous montrant l'un des trois pouvoirs fondés par notre gouvernement, agissant au nom des lois pour défendre les lois violées, et sanctionnant par cela seul la conduite des citoyens. Ici la théorie n'a été pour ainsi dire connue qu'après la pratique. Assemblés, les députés et les pairs se trouvaient en présence d'un grand fait accompli : le pouvoir royal s'était retiré, le trône était vacant et la force l'avait renversé. Les mandataires du pays, chargés seuls du vaisseau de l'état qu'ils voulaient sauver du naufrage, ressemblaient en ce moment à ces matelots qui, surpris tout d'un coup par une tempête qui leur a brisé les mâts et la boussole, s'attachent avec force au gouvernail qui leur reste, et tout en suivant le courant qui les entraîne, conduisent prudemment le vaisseau dans un lieu sûr. Mais laissons la métaphore et voyons s'ils n'ont pas pris le seul parti qu'ils pouvaient choisir.

Une option pressante, impérieuse et décisive leur était offerte : ne pas se constituer, et par cela seul reconnaître la validité des ordonnances et partager en quelque sorte la violation de la Charte, ou bien proclamer ostensiblement l'illégalité des ordonnances par un acte solennel ; c'est à ce dernier moyen qu'ils se sont arrêtés, et dès-lors ils reconnaissaient à la Charte tout son empire ; comme le peuple ils lui sont restés fidèles, ils demeuraient les mandataires du pays et se constituaient en vertu de l'acte fondamental. **M. de Martignac**, dans la séance du 17 août, n'a-t-il pas dit lui-même : « Députés, nous tenons notre mandat, non de la royauté mais du pays, devons-nous le déserter parce que les circonstances sont devenues plus graves, plus menaçantes, plus difficiles ? » Non, le peuple ne s'est soulevé au nom des libertés, que parce qu'il était fidèle à la Charte comme la Chambre, et, comme elle encore, délié de ses sermens envers ceux qui la violaient ouvertement.

J'ai parlé du peu de précautions prises par les derniers ministres, qui comptaient moins sur leurs moyens que sur l'étonnement et la soumission immédiate du peuple. En effet, huit ou neuf mille hommes de troupes ne pouvaient que surprendre les Parisiens mais non les soumettre. Mais en supposant qu'une main ferme et une tête énergique eussent dirigé des forces imposantes contre la population de la capitale, elle ne se serait que momentanément soumise ; l'absolutisme aurait essayé de marcher dans la route des excès, mais il aurait été arrêté à chaque instant ; toujours des résistances, toujours un grand appareil de forces à déployer. Que d'obstacles à surmonter pour l'exécution des moindres mesures de police ! quel embarras pour la perception de l'impôt ! Que dis-je, l'impôt ? on ne l'aurait point payé. Eut-on trouvé une armée entière, disposée à se mettre sans cesse en guerre ouverte avec ses frères, on n'aurait jamais vaincu les associations bretonnes et les autres. Des milliers de Français outragés par l'une des ordonnances dans leur droit le plus cher, celui d'électeur, auraient, par leur opposition permanente, semé partout la désobéissance ; le trône serait tombé un peu plus tard, voilà tout. Avec le projet de déchirer la Charte et d'enfreindre un serment, on était sûr en France de tomber, parce qu'aucune puissance humaine ne peut vaincre l'opinion publique ; on peut par des moyens puissans arrêter sa manifestation et son triomphe ; l'enchaîner, jamais.

On s'est d'abord récrié sur les changemens qu'ont fait subir à la Charte ceux qui jusques-là avaient professé pour elle un respect si religieux. On veut bien blâmer parce que c'est facile, plutôt que d'examiner si les modifications votées n'étaient pas commandées par les circonstances et par conséquent utiles, et si elles ne sont point le résultat naturel de l'expérience qui, depuis quinze ans, a pu reconnaître les imperfections de la Charte, ce qui explique et justifie la promptitude des déterminations de la Chambre. Un coup-d'œil rapide sur ces changemens :

Dès que l'on pouvait raisonnablement supposer que l'article 6 était en contradiction avec l'article 5 et pouvait avoir servi de texte aux prétentions du haut clergé, n'était-il pas naturel de le supprimer, et quel inconvénient peut-il en résulter ?

La responsabilité ministérielle, vainement réclamée dans toutes les sessions, était vaguement définie dans la Charte, art. 56 ; cet article a été supprimé ; on va s'occuper de la loi tant souhaitée, qui déterminera enfin d'une manière invariable la nature et l'espèce des crimes dont les ministres et les autres agens du pouvoir pourraient se rendre coupables, et le vœu général sera rempli.

On a jugé à propos de modifier l'article 14 et d'en supprimer les derniers mots. On aurait pu les laisser subsister sans crainte. Il serait impossible de trouver à présent des ministres qui eussent la pensée de les interpréter, comme on l'a fait, en dépit du bon sens.

La seule et grande différence qui frappe dans le pacte modifié, c'est qu'il cesse d'être octroyé. Eh ! où est le mal ? L'essentiel n'est-il pas que les deux parties soient fidèles au contrat ? Un ministre vient de dire qu'il ne connaissait d'autre restriction au serment que la condition d'une réciprocité d'engagement (a).

Mais la Charte renferme les mêmes principes, et, avec quelques modifications, c'est toujours le gouvernement représentatif qui nous régit. Les trois pouvoirs y sont en équilibre, les prérogatives de la couronne sont presque les mêmes, l'institution de la Pairie n'est point changée, la publicité de ses séances est un avantage qui nous manquait, et l'on ne comprenait pas la nécessité du mystère pour ses orateurs.

Les prérogatives de la Chambre élective et du pays sont plus grandes, mais la liberté de la presse et l'opinion publique feront toujours la force et les prin-

(a) M. le duc de Broglie.

cipaux ressorts de notre gouvernement, et la responsabilité des agens du pouvoir ne sera plus une chimère.

Quant à l'extension donnée au principe démocratique par la suppression du double vote, l'abaissement de l'âge et du cens électoraux et l'initiative conférée à chacune des branches du pouvoir, je ne pense pas que nous devions nous en effrayer avec un roi-citoyen et un peuple qui regarde le gouvernement représentatif comme la plus belle de ses conquêtes. On peut à présent sans danger faire participer au gouvernement une plus grande masse de citoyens et se rapprocher le plus possible des dernières classes ; c'est ajouter plus de branches, plus de ramifications à l'arbre constitutionnel, pour qu'il porte partout ses influences et ses fruits. On connaîtra mieux les besoins, les intérêts et les modifications utiles à proposer ; un nouveau ministre a dit une chose très vraie à la tribune de la Chambre des députés, et qui peut nous rassurer pour l'avenir :

« Nous ne sommes plus dans une situation politique où la société doive faire peur au pouvoir...... Le gouvernement nouveau n'a rien à cacher, rien à pallier, et comme il est essentiellement national, il ne recule pas devant la nation ; il la cherche au contraire, puise la force où le précédent ne trouvait que faiblesse, et sort plus affermi des épreuves dont le règne seul ébranlait l'autre. »

Il est une dernière objection. La religion n'aura-t-elle point à souffrir du nouvel ordre de choses, et ses ministres exerceront-ils librement leur influence salutaire? Ames pieuses, rassurez-vous. Bien loin d'en recevoir la moindre atteinte, la religion reprendra cet empire qu'elle tient d'une morale toute divine, et reconquerra ce respect et cette dignité qu'elle avait compromis en les livrant aux hasards des choses temporelles. Remuer les passions et gouverner les rois ne seront plus le but public ou secret de ses efforts; et ses ministres, abjurant toute idée de faste et de domination, seront d'autant plus vénérés qu'ils se renfermeront davantage dans le sanctuaire et dans le cercle de leurs devoirs spirituels. Ils produiront alors facilement ces biens qui naissent de l'évangile source de civilisation, la tolérance et l'union fondées sur le pardon et l'oubli, la soumission aux lois d'où dérive la véritable liberté, enfin toutes les vertus civiques basées sur l'égalité devant la justice éternelle, et sur l'exemple d'un Dieu qui vécut pauvre et citoyen (14).

CHAPITRE XVI.

Autres motifs de sécurité. Résumé.

—

La première partie de cet ouvrage est consacrée à développer les changemens introduits dans nos idées politiques et dans nos mœurs par le gouvernement représentatif. J'y ai peut-être suffisamment prouvé qu'il remplissait le plus cher de nos désirs en nous donnant la vraie, la seule liberté possible, épurée de tout ce qu'elle eut de criminel; j'y ai avancé que nous saurions la garder parce qu'elle était pour nous le fruit des revers, la conquête du temps et le résultat de l'expérience. J'y disais aussi :

« Qu'ils seraient vains les efforts de ces hommes qui tenteraient de nous conduire vers les abymes, en nous faisant marcher dans les routes de la licence (a) ! » Je demande si les événemens de juillet n'ont pas entièrement confirmé ces vérités et ces pronostics nés de l'observation des mœurs et de la marche des esprits.

Dans ces considérations nouvelles j'ai tracé un précis rapide des causes, de la marche et des résultats de la révolution de 1830. Je me suis surtout attaché à démontrer sur quel fonds de déception, de faux raisonnemens et d'ignorance du pays on voulait es-

(a) Revoir le chapitre V.

sayer d'élever le coup d'état. On avait oublié que l'opinion est la reine du monde ; qu'une ère nouvelle a commencé pour nous avec la Charte ; que de l'ancien édifice social, il ne reste plus que quelques vieux bastions envahis par la mousse, et que quarante ans ont placé plusieurs siècles entre l'absolutisme et nous.

Je me suis appliqué à faire passer dans l'esprit de mes lecteurs les motifs de sécurité qu'ont fait pénétrer dans le mien les mémorables événemens de juillet et les inutiles efforts des malveillans ; heureux si j'ai réussi.

Un adage né de l'expérience nous dit : il faut faire tout pour le peuple et rien par lui. C'est une vérité générale, mais l'expérience vient de nous prouver qu'elle n'est point applicable à un peuple élevé depuis quinze ans dans l'amour de l'ordre, et sous un gouvernement modéré qui met les droits de tous sous l'empire de la loi.

Ainsi rassurons-nous. Que des instigateurs tentent de tromper le peuple en l'exaltant, qu'ils le lancent sur la route des exigences, que le parti républicain le flatte et le caresse, qu'il trouve des organes dans certaines feuilles, on le conçoit ; les opinions sont libres, mais ces machinations échoueront devant la raison éclairée de la nation.

Français ! qu'un seul sentiment nous réunisse autour du trône, l'amour de la patrie. Rallions-nous au roi citoyen qui ne veut régner que par la loi ; il n'a pas conspiré pour régner ; son nom est sorti spontanément de toutes les bouches ; il était aimé comme citoyen, il sera chéri comme Roi. Simple dans ses mœurs, bon père de famille, il élève ses enfans avec les nôtres, protège les beaux-arts et chérit la liberté par conviction. Que les flatteurs s'éloignent à jamais de son trône ! Que les hommes éclairés l'environnent de leurs lumières, et nous, bénissons la Providence de ce qu'il a voulu se charger du fardeau de la couronne et du dépôt de notre bonheur !

Des mécontens essaieront peut-être encore de soulever quelques corporations d'ouvriers, de susciter, comme ils l'ont fait, des rassemblemens tumultueux et d'armer l'intérêt privé contre l'intérêt général ; mais bannissons toute crainte : le bon sens qui nous a sauvés nous sauvera encore. La véritable liberté est inséparable de l'ordre public, et l'un et l'autre sont confiés à la garde nationale. L'autorité légale reprend son mouvement régulier et protecteur, elle rendra la malveillance impuissante et ne laissera régner que les lois.

Résumons-nous. Le gouvernement représentatif adopté franchement trouvera toujours assez de force en lui-même pour se défendre contre les empiétemens de tout système contraire, parce qu'il puise sa force dans l'opinion. Le système républicain a péri une fois dans le naufrage des libertés, l'absolutisme a rendu son dernier soupir dans leur triomphe ; l'anarchie, grâce à l'expérience, n'a plus de racines dans le pays ; le principe constitutionnel est seul resté debout.

C'est au nom de la Charte qu'on a triomphé ; comme en 1814 elle réunit et concentre toutes les opinions flottantes ; elle a fait seule notre sécurité ; elle est le plus ferme appui du trône ; elle a reçu son complément, et plus que jamais comblera les vœux de la France, parce qu'elle sera désormais une vérité.

ECLAIRCISSEMENS
ET PIÈCES AUTHENTIQUES.

Note 1 (p. 14).

J'ai cherché à rendre l'heureuse sensation que la Charte produisit en France, et pour y parvenir je n'ai eu qu'à retracer les principales garanties de bonheur que renfermait ce pacte auguste, et à peindre la situation du pays à cette époque mémorable. On a avancé, même à la tribune, que la France avait revu les Bourbons avec répugnance, comme l'on entend répéter à présent par certains journaux et par quelques personnes, qu'il existait contre eux une conspiration permanente, un parti pris de les expulser. Ces deux assertions sont également erronnées. On en demeurera convaincu si l'on veut être vrai et ne se laisser nullement dominer par l'esprit d'exagération. Interrogeons nos souvenirs. La joie de la France au 12 avril 1814 fut unanime, et l'abattement disparut à la promesse d'une Charte. Est-il quelqu'un qui songeât alors aux déceptions? Dans un poème sur la mort de Louis XVIII, j'ai eu occasion de rappeler ce 12 avril; quel est celui qui, la main sur la conscience, avancera que je me suis trompé, lorsqu'en parlant du prince qui nous offrit alors la paix et la promesse d'une Charte, au nom de son frère, je m'exprimais ainsi :

Nos champs, alors en fleurs, souriaient d'espérance,
Et des plus doux parfums saluaient sa présence,
Tandis que s'enivrant du bonheur de le voir ;
Nos cœurs, long-temps fermés, se r'ouvraient à l'espoir.

La nation française est confiante. Qu'il eût été facile de régner long-temps sur elle !

Je ne dis pas qu'il n'existât en France des hommes pour qui la présence des Bourbons produisait l'effet des remords, et qui les revoyaient avec une répugnance invincible ; que, dans ces derniers momens, il ne s'en soit trouvé quelques-uns qui ont poussé à la roue pour les éloigner à jamais ; mais, je le répète et le soutiens, ce n'était point là, tant s'en faut, le sentiment général, et ce qui seul les a renversés, ce sont les ineptes conseils, la violation d'un serment sacré et le mépris qu'ils ont fait tout-à-coup de l'opinion.

NOTE 2 (p. 16).

Rien ne prouve mieux que l'on est maintenant porté à s'occuper des choses les plus graves, que les grandes idées qui agitent le domaine littéraire et philosophique. Telles sont les considérations sur le célibat et le mariage des prêtres, le perfectionnement et l'extension du jury, l'une des plus belles institutions des temps modernes ; la nécessité d'un système pénitentiaire plus en rapport avec l'état de la civilisation, etc. ; hautes questions qui touchent aux bases de l'ordre social. La dernière va bientôt recevoir la sanction législative, par suite de la proposition qui a pour objet l'abolition de la peine de mort. La seconde occupe aussi les Chambres en ce moment.

NOTE 3 (p. 22).

Je demande si ce que j'ai développé dans ce chapitre n'est pas exactement vrai ? et c'est un ordre de choses fondé ainsi sur la nécessité des temps, sur la raison, sur le mouvement des esprits et surtout sur les habitudes, (voir le préambule de la Charte de 1814), que l'on voulait, après quinze ans, déraciner *ex abrupto*, au moyen d'un coup d'etat mal combiné, quoique médité depuis long-temps. On aurait plutôt d'un seul mot changé des montagnes de place.

Note 4 (p. 32).

C'est surtout depuis deux ans que l'intention de renverser nos libertés s'est manifestée violemment dans certaines feuilles, par des sarcasmes et des traits acérés lancés contre des hommes généreux, connus autant par leurs vertus que par leur amour du trône et de nos institutions. On affectait de les appeler apostats, égarés et plus souvent libéraux et révolutionnaires ; après les triomphes d'Alger, on a été jusqu'à gratifier du nom de *pirates* tous les votans de l'adresse et tous ceux qui pensaient comme eux. Mais qu'est-il besoin de citer les journaux? chacun dans le monde a pu s'apercevoir combien cette guerre aux sentimens généreux devenait importune. Moi-même qui avais vu revenir les Bourbons avec enthousiasme, mais qui n'en aimais pas moins les libertés publiques et la Charte qui les protégeait, lorsqu'il m'arrivait de les défendre avec chaleur, ou que je m'indignais de les voir ébranlées, ne me suis-je pas vu souvent taxé de versatilité et traité de libéral ? et, comprenant que cette expression trop douce en déguisait une plus sévère qu'on n'osait pas m'adresser, n'ai-je pas souvent répondu avec Chateaubriand : « Chacun de nous a dans sa poche son brevet de jacobin expédié en bonne forme par des royalistes de métier? »

Note 5 (p. 32).

Cette habitude de déception était tellement enracinée, que même dans le rapport qui précède les trop fameuses ordonnances, on osait encore invoquer la Charte que l'on déchirait, et déclarer que c'était pour y rentrer qu'on agissait ainsi.

Note 6 (p. 53).

*Extraits du discours de M. de Chateaubriand dans la séance de
la Chambre des Pairs, du 8 mars 1830.*

« Chaque gouvernement a son allure. Un gouvernement légitime, paternel, constitutionnel, n'est point un
gouvernement de colère et de violence. Quand il em-
prunte le caractère des gouvernemens despotiques et illé-
gitimes, il sort de ses voies, et il perd, en voulant être
fort, sa véritable force. »

Que dans un moment de terreur ou dans un accès d'orgueil ou d'imprudence, un ministre frappe un coup d'é-
tat, on le conçoit ; mais qu'il prépare une suite de coups
d'état, sans savoir ce qui arrivera dans cette carrière se-
mée d'abymes, voilà ce qui est véritablement inexplicable.

» Reportez-vous aux jours qui ont précédé la formation
du cabinet actuel : la France jouissait à cette époque de
la plus profonde paix.

» Entendait-on parler alors d'associations pour le refus
de l'impôt ? On menace aujourd'hui nos institutions, on
invoque cet article 14 au profit duquel je disais autrefois
qu'on essaierait de confisquer la Charte ; or *toute action
amène une réaction : mettez en avant les principes du despotisme, on vous répondra par les maximes de la démocratie.*

La liberté est la première alliée de la légitimité. Que celle-
ci la mette de son côté, et elle se peut rire de toutes les
ambitions conjurées contre elle.

» Nobles pairs, toute révolution venant d'en bas est aujourd'hui impossible ; mais cette révolution peut venir d'en-haut ; *elle peut sortir d'une administration égarée dans ses systèmes, ignorante de son pays et de son siècle.* »

Ai-je eu tort, je le demande, de qualifier ce discours de prophétique.

Note 7 (p. 44).

Extrait de l'opinion de M. de Martignac dans la séance du 17 août.

« . . . .

Nous n'avons pas vu sans une profonde douleur cette épouvantable chute. Nous avons entouré de nos regrets et du respect dû à d'augustes infortunes, ces princes malheureux auxquels il n'a manqué, pour bien remplir leur haute destinée, que de se défier de faux amis et de mieux comprendre le pays qu'ils étaient appelés à gouverner et le temps où nous vivons.

« Nous aurions voulu que dans ce grand naufrage il fût possible de se rattacher au principe de la légitimité.

« . . . .

Il n'en a pas été ainsi. La force des choses, l'entraînement des circonstances, la puissance des événemens ne l'eût pas permis.

« . . . .

. . . .

Députés, nous tenons notre mandat, non de la Royauté mais du pays. Ce mandat nous a été donné dans d'autres circonstances, pour un état de choses plus légal et plus régulier ; mais devons-nous le déserter parce que les circonstances sont devenues plus graves, plus menaçantes, plus difficiles ? Le sol de notre pays est encore ébranlé par une violente secousse qui a renversé le trône ; devons-nous abandonner ceux qui travaillent à le raffermir, au risque de livrer la société elle-même à des secousses nouvelles ? »

Note 8 (p. 45).

J'avais cru comme beaucoup d'autres jusqu'à ces dernières années, que les bonnes intentions de Louis XVIII étaient passées dans le cœur de tous les siens, et je ne concevais pas que la stabilité du trône pût se séparer des libertés publiques, que je considérais comme ses bases. Ceux qui possèdent un ouvrage que j'ai publié en 1828 y liront ce qui suit, page 225 :

« J'ai cherché à peindre avec énergie les désordres de la licence ; mais je suis loin, je le déclare, de faire le procès à ceux qui veulent sincèrement la gloire et les libertés de la patrie. L'homme sage craint à la fois l'anarchie et le despotisme, parce qu'il voit plus de points de contact qu'on ne pense entre ces deux oppressions. Il se plaît à répéter avec le bon Delille :

> J'aime la liberté qui n'est pas la licence.

Telle est ma profession de foi. Ennemi de tous les excès, je ne saurais voir de bonheur pour mon pays, que dans ces libertés légales, désormais inséparables du trône des Bourbons, d'où sont émanés leurs premiers germes, et naguère le pacte solennel qui les garantit et les consolide à jamais. »

Note 9 (p. 53).

Pour rendre un entier hommage à la vérité, il est juste de consigner ici comme un fait notoire que le 27 et le 28 juillet au matin, le cri de vive le Roi ! se mêlait aux cris de vive la Charte ! à bas les ministres ! Mais une autre preuve qu'on ne demandait en effet que l'exécution du pacte fondamental, c'est que le 28 juillet, à deux heures après midi, les députés de Paris, pour arrêter l'effusion du sang, proposaient à MM. de Polignac et de Raguse leur médiation puissante, aux conditions du renvoi des ministres et de la rétractation des ordonnances. Est-ce trop avancer que d'affirmer que si l'on eût accepté ces propositions, la Charte et le Roi seraient ensemble debout ?

NOTE 10 (p. 59).

*Extraits du discours de **M.** de Chateaubriand, dans la séance du 7 août.*

« D'affreux ministres ont souillé la couronne, et ils ont soutenu la violation de la foi par le meurtre; *ils se sont joués des sermens faits au ciel, des lois jurées à la terre.*

» Etrangers, qui deux fois êtes entrés à Paris sans résistance, sachez la vraie cause de vos succès : vous vous présentiez au nom du pouvoir légal. Si vous accouriez aujourd'hui au secours de la tyrannie, pensez-vous que les portes de la capitale du monde civilisé s'ouvriraient aussi facilement devant vous ? La race française a grandi depuis votre départ sous le régime des lois constitutionnelles ; nos enfans de quatorze ans sont des géans, nos conscrits à Alger, nos écoliers à Paris, viennent de vous révéler les fils des vainqueurs d'Austerlitz, de Marengo et d'Iéna ; mais les fils fortifiés de tout ce que la liberté ajoute à la gloire.

» Jamais défense ne fut plus juste et plus héroïque que celle du peuple de Paris. Il ne s'est point soulevé contre la loi, mais pour la loi; *tant qu'on a respecté le pacte social, le peuple est demeuré paisible.*

. . . .

. . . .

Un siècle n'aurait pas autant mûri les destinées d'un peuple que les trois soleils qui viennent de briller sur la France. Un grand crime a eu lieu. Il a produit l'énergique explosion d'un principe. »

NOTE 11 (p. 61).

Il est bon d'observer que ceux qui ont éprouvé de véritables craintes de ces manifestations tumultueuses, se sont laissés dominer par leurs souvenirs; ils croyaient voir les mêmes causes et les mêmes effets, mais il y avait dans tout ceci plus d'apparences cruelles que de mal réel, et plutôt les mots que les choses. Je n'en voudrais pour preuve que la *Marseillaise* elle-même, hymne sans application aux circonstances actuelles, que le peuple chantait sous les fenêtres du Palais-Royal, avec le cri de vive le Roi! à la fin de chaque couplet. Quant à ces pamphlets sans pudeur, à ces révélations calomnieuses, à ces mémoires scandaleux lancés contre d'augustes infortunes, le mépris du public en a fait justice; ils ne se sont point vendus.

NOTE 12 (p. 63).

On se demandait le 29 juillet dernier : où sont les royalistes ? il aurait été plus convenable, comme on voit, et plus rationnel de dire : où sont les absolutistes ?

NOTE 13 (p. 65).

Ces sentimens ont été partagés par tous les gens sensés, par tous les cœurs généreux. Je ne puis résister au plaisir de citer ici de beaux vers où ils sont heureusement rendus :

Oh! laissez-moi pleurer sur cette race morte
Que rapporta l'exil et que l'exil remporte;
Vent fatal qui trois fois déjà les enleva!
Reconduisons au moins ces vieux rois de nos pères.
Rends, drapeau de Fleurus, les honneurs militaires
À l'oriflamme qui s'en va!

Je ne leur dirai point de mot qui les déchire.
Qu'ils ne se plaignent pas des adieux de la lyre!
Point d'outrage au vieillard qui s'exile à pas lents !

C'est une piété d'épargner les ruines.
Je n'enfoncerai point la couronne d'épines
Que la main du malheur met sur des cheveux blancs.

Victor Hugo.

Note 14 (p. 72).

Je ne saurais mieux faire que de rappeler ici la lettre pastorale du vénérable archevêque de Bordeaux, M. de Cheverus. Elle est insérée dans le *Journal des Débats*, du 24 août :

« Sans approuver l'exclusion prononcée contre les pairs nommés par Charles X, je me suis réjoui de me trouver hors de la carrière politique, et j'ai pris la ferme résolution de ne pas y rentrer et de n'accepter aucune place ni aucune fonction. Je désire rester au milieu de mon troupeau et continuer à y exercer un ministère de charité, de paix et d'union. Je prêcherai la soumission au gouvernement, j'en donnerai l'exemple, et nous ne cesserons, mon clergé et moi, de prier avec mes ouailles, pour la prospérité de notre chère patrie.

» Je me sens de plus en plus attaché aux habitans de Bordeaux. Je les remercie de l'amitié qu'ils me témoignent. Le vœu de mon cœur est de vivre et de mourir au milieu d'eux, mais sans autres titres que ceux de leur archevêque et ami.

Signé JEAN, *archevêque de Bordeaux.*

» Bordeaux, le 19 août 1830. »

FIN.

TABLE
DES MATIÈRES

CONTENUES DANS CETTE BROCHURE.

———

PREMIÈRE PARTIE.

DEUXIÈME PARTIE.

Imprimerie de J.-L. Bellemain, passage du Caire, n. 96.

www.ingramcontent.com/pod-product-compliance
Lightning Source LLC
Chambersburg PA
CBHW061356060726
47597CB00003B/888